Erfolgsstrategien für Immobilienmakler

Oliver-D. Helfrich

Erfolgsstrategien für Immobilienmakler

Die wertvollsten Tipps für Akquise, Vermarktung und Abschluss

3., aktualisierte und überarbeitete Auflage

 Springer Gabler

Oliver-D. Helfrich
Lüneburg, Deutschland

ISBN 978-3-658-35682-8   ISBN 978-3-658-35683-5 (eBook)
https://doi.org/10.1007/978-3-658-35683-5

Die Deutsche Nationalbibliothek verzeichnet diese Publikation in der Deutschen Nationalbibliografie;
detaillierte bibliografische Daten sind im Internet über http://dnb.d-nb.de abrufbar.

Springer Gabler

Lektorat: Manuela Eckstein
Springer Gabler ist ein Imprint der eingetragenen Gesellschaft Springer Fachmedien Wiesbaden GmbH
und ist ein Teil von Springer Nature.
Die Anschrift der Gesellschaft ist: Abraham-Lincoln-Str. 46, 65189 Wiesbaden, Germany

Ich bedanke mich ganz herzlich bei meiner Frau und meinem Sohn, die auf einen Großteil der gemeinsamen Freizeit mit mir verzichten mussten. Sie gaben mir Zeit und Ruhe, dieses Buch schreiben zu können.

Vorwort

Seit mittlerweile über zehn Jahren beschäftige ich mich mit dem Thema Immobilie. Zehn Jahre, in denen ich Immobilien vermakelt und meist auch die dazugehörigen Finanzierungen mit den Käufern aufbereitet habe. Seit fast sieben Jahren schule ich Immobilienmakler im Umgang mit Immobilien und deren Eigentümern, gebe Immobilienmaklern Unterstützung in der Akquise, der Präsentation und Vermarktung sowie der Gesprächsführung, um Verkäufer und Käufer, Vermieter und Mieter zu begeistern.

Nun ist es an der Zeit, das gesammelte Wissen zu Papier zu bringen, damit auch Sie, liebe Leser, die Chance haben, von diesem Know-how zu profitieren und auch die Möglichkeit erhalten, einzelne Themen immer wieder nachlesen zu können.

Sie brauchen dieses Buch nicht komplett von vorne bis hinten zu lesen, um den Kontext zu erfassen. Ganz im Gegenteil, Sie können sich immer wieder den einzelnen Themenbereichen widmen, denn jeder für sich ist ein selbstständiger in sich geschlossener Abschnitt.

Mir ist natürlich klar, dass es schwer sein wird, alle Strategien auf einmal umzusetzen. Wahrscheinlich kennen Sie die meisten Tipps und Tricks auch schon. Möglicherweise setzen Sie den größten Teil bereits um. Sehen Sie dieses Buch für sich dann einfach als eine Ideensammlung. Holen Sie mithilfe dieses Buches die eine oder andere Idee wieder aus Ihrem Unterbewusstsein hervor. Oder regen Sie Ihr Bewusstsein und

Unterbewusstsein an, das eine oder andere doch noch einmal auszuprobieren.

Mir hat es auf Dauer geholfen, eine Strategie nach der anderen auszuprobieren, wobei ich zugebe, dass der Teil Social Media bei mir sehr kurz gekommen ist. Social Media ist irgendwie nicht so richtig mein Weg, andere mir bekannte Maklerkollegen hingegen fahren damit sehr gut. Aus diesem Grund ist diesem Thema natürlich auch ein Abschnitt gewidmet, denn es gehört einfach dazu.

Aus der Erfahrung heraus möchte ich Ihnen sagen, dass Sie mit jeder Strategie ein Stück weiterkommen können. Wichtig für Ihren Erfolg ist, dass Sie sich überhaupt eine Strategie aussuchen und diese auch konsequent durchziehen. Ich persönlich glaube, dass alle Strategien funktionieren. Alle Strategien haben allerdings auch einen Nachteil: Sie, lieber Leser, müssen dafür etwas tun. Sie müssen ins Handeln kommen und dürfen auf keinen Fall frühzeitig aufgeben. Auch die erfolgreichsten Immobilienmakler sind oft genug mit ihren Strategien gescheitert, hätten alles hinwerfen können oder lagen auch schon einmal am Boden. Im Gegensatz zu den gescheiterten Maklerkollegen haben diese Menschen allerdings eines anders gemacht: Sie haben an sich und ihre Arbeit geglaubt und sind nach jeder Bruchlandung wieder aufgestanden.

Ihnen, liebe Leser,[1] wünsche ich nun viel Spaß beim Lesen und noch mehr Spaß beim Umsetzen einzelner Strategien.

Lüneburg, Deutschland   Oliver-D. Helfrich

---

[1] Aus Gründen der besseren Lesbarkeit wird in diesem Buch auf die gleichzeitige Verwendung der Sprachformen männlich, weiblich und divers verzichtet. Sämtliche Personenbezeichnungen gelten selbstverständlich gleichermaßen für alle Geschlechter.

Danksagung

Ich danke folgenden Menschen aus meinem Umfeld für das Korrektur-lesen und die konstruktiven Anregungen:

Bernd Blum
Michael Habig
Dipl.-Ing. Ulrich Hatesohl
Victoria Helfrich
Iris-Isabella Hinzmann
Florian Jades
Rüdiger Lichtenberg
Gabriele Reichardt
Dipl.-Ing. Thomas Schlüchter
Frank Stönnebrink
Dr. Dörte von Westernhagen

Zudem danke ich Dipl.-Ing. Ulrich Hatesohl für die Grundriss-zeichnung und die Ansichtszeichnungen.

Inhaltsverzeichnis

Über den Autor

**Oliver-D. Helfrich** ist ausgebildeter und IHK-geprüfter Immobilienmakler, Fachwirt für Finanzberatung und zertifizierter DiSG-Trainer. Seit 1999 beschäftigt er sich mit den Themen Finanzberatung, Baufinanzierungen und Immobilie. Die ersten Immobilienerfahrungen sammelte er mit der Vermittlung von geschlossenen Immobilienentwicklungsfonds und fremdgenutzten Immobilien als Kapitalanlage für seine Mandanten. Aufgrund der Kombination von Finanzberatung, Immobilie und Baufinanzierungen kennt der Autor sowohl die Eigentümer-, wie auch die Interessenten- und Bankenseite, was ihm ein optimal vernetztes Denken und Handeln in der Immobilienmaklerei ermöglicht. Oliver-D. Helfrich gibt sein Wissen in Inhouse-Seminaren und Aktiv-Trainings weiter, seit 2019 ist er zudem als Vorstand im BVFI-Bundesverband für die Immobilienwirtschaft tätig.

Weitere Informationen zum Autor, seinen Seminaren und seinen Trainings finden Sie unter:

www.oliverhelfrich.de

Abbildungsverzeichnis

1

Der Immobilienmakler als Beruf

Zusammenfassung Werde ich Einzelkämpfer, Handelsvertreter oder Franchisepartner? Welche Aus- und Weiterbildung ist für mich geeignet? Wie sichere ich mich gegen Haftungsfallen ab? All dies sind Fragen, die jeden Immobilienmakler mindestens einmal quälen. In diesem Kapitel erhalten Sie Einblicke und Anregungen, damit Sie die für sich richtigen Antworten finden.

Werde ich Einzelkämpfer, Handelsvertreter oder Franchisepartner? Welche Aus- und Weiterbildung ist für mich geeignet? Wie sichere ich mich gegen Haftungsfallen ab? All dies sind Fragen, die jeden Immobilienmakler mindestens einmal quälen. In diesem Kapitel erhalten Sie Einblicke und Anregungen, damit Sie die für sich richtigen Antworten finden.

Lieber Leser, mit Ihrer Entscheidung, den Beruf des Immobilienmaklers auszuüben, haben Sie wahrscheinlich eine der besten Entscheidungen Ihres Lebens getroffen, sofern Sie diese Entscheidung nicht nach kurzer Zeit wieder verwerfen. An dieser Stelle kurz die Anmerkung, dass der Beruf des Immobilienmaklers kein Sprint ist, sondern eher wie ein Mara-

© Der/die Autor(en), exklusiv lizenziert durch Springer Fachmedien Wiesbaden GmbH, ein Teil von Springer Nature 2021
O.-D. Helfrich, *Erfolgsstrategien für Immobilienmakler*,
https://doi.org/10.1007/978-3-658-35683-5_1

thon betrachtet werden sollte. Kurzum, verabschieden Sie sich von dem Gedanken, in kurzer Zeit viel Geld zu verdienen. Die alte Vertriebsregel: „Anhauen, Umhauen, Abhauen" ist längst antiquiert, mittlerweile absolut am Leben vorbei. Service, Dienstleistung und Qualität sind von den Menschen gewünscht und zahlen sich nachhaltig aus. Wenn Sie verstehen, dass Sie als Immobilienmakler dazu da sind, Menschen für sich zu gewinnen, Menschen bei der Vermarktung und Suche von Immobilien als Dienstleister zur Seite stehen, um Interessen zu bündeln und die richtigen Menschen zusammenzuführen, stellen Sie fest, dass Sie einen der coolsten und am besten bezahltesten Berufe überhaupt ausüben. Die Immobilie selber ist nur die Ware, über die Sie letztendlich das Geld verdienen. Doch verdienen tun Sie es nur, wenn Sie als Immobilienmakler die richtigen Menschen zusammenbringen.

In einem Zwei-Tagesseminar, das ich in Hannover besuchen durfte, brachte es einer der Top-Verkaufstrainer Deutschlands klar auf den Punkt. Er sagte sinngemäß, dass wir im Beruf nur dann richtigen Erfolg haben werden, wenn wir andere Menschen wertschätzen.

Dieses Wissen, als Basis für Ihren Beruf, zeigt Ihnen, dass Sie als Immobilienmakler über drei sehr gut ausgeprägte Kompetenzen verfügen sollten. Genau auf diese drei Kompetenzen ist dieses Buch ausgelegt. Wir werden in diesem Buch sehr stark auf die vertriebliche Kompetenz eingehen, Sie werden die emotionale Kompetenz kennenlernen und Ansätze für Ihren Beruf als Immobilienmakler finden und aus dem Bereich der fachlichen Kompetenz, die wichtigsten Dinge erfahren, die Ihnen in Ihrem Beruf als Immobilienmakler den Alltag erleichtern werden.

Die emotionale Kompetenz ist die Kunst, auf Menschen zuzugehen und richtig mit ihnen umzugehen. Nur so schaffen Sie es, Menschen für sich zu begeistern. Und hier bitte ich zu beachten, dass wir nicht von einer oberflächlichen Begeisterung oder Bewunderung reden, sondern von dem Erschaffen einer langfristigen beruflichen Partnerschaft. Wenn Sie für sich verstanden haben, dass nicht die Immobilie im Mittelpunkt steht, sondern immer der Mensch, haben Sie den ersten und wichtigsten Schritt schon geschafft. Alles Weitere ist Übung im Umgang mit Menschen, dann auch noch Übung im Umgang mit Menschen und zu guter Letzt: Übung im Umgang mit Menschen.

Die zweite wichtige Kompetenz, also die vertriebliche Kompetenz, ist die Art und Weise, wie Sie Ihren Beruf im beruflichen Sinne ausüben. Wir sprechen hier über die professionelle Aufnahme, die Vermarktung und Betreuung der Immobilie und die meist vergessene Nachsorge. Mit dieser Kompetenz werden Menschen und Immobilie letztendlich in Einklang gebracht.

Die dritte und immer wieder benötigte Kompetenz ist die fachliche Kompetenz. Wahrscheinlich werden Sie gegenüber Ihren Kunden nur 15–20 % Ihres Fachwissens benötigen, doch nichts ist schlimmer, als dass Sie bei Fachfragen immer wieder passen und die Antwort Ihren Kunden nachliefern müssen. Natürlich sollte klar sein, dass dieses Buch eine fundierte Ausbildung als Immobilienkaufmann oder Immobilienmakler nicht ersetzen kann, allerdings wird Ihnen der Inhalt dieses Buches viele Situationen erleichtern.

Geben Sie in Ihrem Beruf als Immobilienmakler immer mindestens 100 %, so werden sich Ihre Arbeit und Ihre investierten Stunden schon nach kurzer Zeit in barer Münze auszahlen. Und jetzt noch einmal zurück zu meinen anfänglichen Worten:

> Bedenken Sie immer, der Beruf des Immobilienmaklers ist kein Sprint, er ist ein Marathon.

Immer wieder finden Sie in den einzelnen Abschnitten Fragen, die Sie für sich beantworten sollten. Diese werden Ihnen helfen, die Inhalte dieses Buches besser zu festigen und auch umzusetzen. Die folgenden vier anregenden Fragen, mit denen Sie sich unbedingt auseinandersetzen sollten, sind der Schlüssel für Ihren Erfolg als Immobilienmakler.

Schlüsselfragen für Ihren Erfolg

- Was bedeutet mir der Beruf „Immobilienmakler"?
- Warum bin ich Immobilienmakler oder warum will ich Immobilienmakler werden?
- Was genau will ich als Immobilienmakler erreichen? Was sind meine Ziele?
- Was bin ich bereit dafür zu tun?

1.1   Aus- und Weiterbildung

Eine fundierte Ausbildung ist wichtig und öffnet immer mal wieder schneller die Tür zu einem neuen Kunden und einem neuen Auftrag. Doch welche Ausbildung ist für mich die richtige?

Nach dem jetzigen Stand haben Sie verschiedenste Möglichkeiten und Bildungsträger, um sich ein Fachwissen anzueignen. Die derzeit festen Standards gibt es bei der Ausbildung *Immobilienkauffrau/-mann IHK* und der darauf aufbauenden Qualifikation *Immobilienfachwirt/-in IHK*. Hier streiten sich dann allerdings immer wieder die Gemüter, ob diese beiden Ausbildungen für Immobilienmakler oder eher für Hausverwalter geeignet sind. Nichtsdestotrotz sind dies sehr gute Ausbildungen, um ein fundiertes Fachwissen im Immobilienbereich zu erhalten.

Wir wissen auch: Fachidiot schlägt Kunden tot. So haben sich mittlerweile einige Industrie- und Handelskammern sowie externe Bildungsträger darauf spezialisiert, einen Weiterbildungsweg *Immobilienmakler* anzubieten. Dieser ist tatsächlich von den Lehrinhalten eher an den Alltag des Immobilienmaklers und das benötigte Tageswissen angelehnt. Hier ist also die Chance, nur das zu erlernen, was der Immobilienmakler auch tatsächlich braucht.

Zudem gibt es seit dem 01.08.2018 für Immobilienmakler eine gesetzlich geregelte Weiterbildungspflicht. Der § 34c Abs. 2a GewO sagt aus, dass jeder, der nach § 34c Abs. 1 und 4 Gewo tätig ist, sich in einem Drei-Jahreszeitraum mindestens 20 h weiterbilden muss. Dies betrifft also alle Immobilienmakler und Personen, die unmittelbar mit dem Immobilienmakler arbeiten. Also auch die Angestellten des Immobilienmaklers. Nach § 15a MaBV ist der Nachweis übrigens fünf Jahre aufzubewahren. Auf Anordnung seiner zuständigen Aufsichtsbehörde hat der Immobilienmakler die Nachweise vorzulegen. In der Anlage 1 der MaBV sind die zugelassenen Weiterbildungsthemen explizit aufgeführt.

Neben den zuvor genannten Ausbildungen bieten verschiedenste Träger und Dienstleister Seminare und Trainings an, die darauf ausgelegt sind, Ihr Wissen und Ihre verkäuferischen Fähigkeiten auszubauen.

Von diesen Seminaren bin ich ein absoluter Fan. Keiner wird als Immobilienmakler geboren. Doch jeder kann es werden. Egal ob Rhetorik, professionelles Auftreten, emotionale Intelligenz oder Körpersprache lesen lernen. Mit solchen Seminaren und Trainings erlernen Sie das Handwerkszeug für den Umgang mit Menschen. Von Profis für Profis.

1.2 Der Makler als Marke „Ich – Selber" oder „Verbund"

Die Frage, ob Sie als Immobilienmakler lieber in eigenem Namen, im eigenen Unternehmen arbeiten sollten, oder ob es sinnvoller ist, sich einem großen System als Handelsvertreter oder als Franchisepartner anzuschließen, kann ich Ihnen schnell beantworten: „Es kommt darauf an!"

Nun sind Sie wahrscheinlich genauso schlau wie vorher, doch gehen wir meiner Antwort etwas weiter auf den Grund und betrachten die Optionen einmal genauer. Wir wissen, dass jeder von uns ein Individuum ist. Jeder von uns ist etwas Besonderes. Und jeder von uns hat seine eigene Persönlichkeit und Arbeitsweise. Oder wie man in Köln sagen würde: „Jede Jeck es anders!"

Sind Sie, lieber Leser, eher ein Leitwolf? Haben Sie Unternehmertum im Blut und Hummeln im Hintern? Sie lassen sich nicht gerne in Ihre Arbeit reinreden? Dann liegt der Grundgedanke der Entscheidung schon gut in einer der Waagschalen, die für das eigene Unternehmen steht. Haben Sie ein gutes Fachwissen und sind Sie vertrieblich engagiert, können Sie die Waagschale des eigenen Maklerunternehmens mit einem weiteren Gewicht füllen. Bleibt letztendlich die Frage der vor- und nachhaltigen Finanzierung Ihres eigenen Unternehmens. Ein Unternehmen hat schließlich fixe und variable Kosten und zudem auch noch gehörige einmalige Gründungskosten.

In die Gründungskosten beziehe ich neben den behördlichen Formalitäten und den damit verbundenen Ausgaben auch die Anmietung eines Büros, samt Renovierung und Kaution, das Stellen der Büroinfrastruktur in Form von Möbeln, Telekommunikation, Fax und Farblaserdrucker und EDV-Equipment ein. Hinzu kommen eine eigene Homepage, Visitenkarten und eigenes Unternehmensbriefpapier, sowie der andere übliche Bürobedarf. Hier sind Sie ohne große Aufwendungen im Bereich

Ideal-Standard bis zu 5000 EUR los. Sind Ihre Ansprüche, lieber Leser, etwas gehobener, dann sind 10.000 EUR Erstinvestition keine Seltenheit. Nach oben hin sind keine Grenzen gesetzt.

Im Bereich der fixen Kosten befinden sich dann die monatliche Miete, die Büronebenkosten, Telekommunikation und vor allem die monatlichen Vermarktungskosten Ihrer Immobilien. Allein um auf den größten Portalen präsent zu sein, ist eine repräsentative, monatliche Kostenposition nötig, die es erst einmal jeden Monat zu erwirtschaften gilt.

Im Bereich der variablen Kosten packen Sie gedanklich Ihren Bürobedarf in Form von Drucker- und Kopierpapier, den Druckertoner, Briefmarken für Versandexposés und Rechnungen, Ihr Marketingmaterial und Ihre Marketingmaßnahmen, sowie natürlich auch Ihre Kraftstoffkosten für Ihr Auto rein. Der schlaue Fuchs spart schon an dieser Stelle gehörig ein und nutzt das Fahrrad mit Gepäckträger, auf dem der Korb mit den Exposés und den Objektordnern ebenfalls Platz findet. Für den Anfang auf jeden Fall günstiger und auch langfristig gesünder.

Werden wir wieder etwas ernsthafter. Mit den zuvor dargestellten Ausgabenpotenzialen bauen Sie sich schnell eine sehr gute Kostenstruktur auf, die es monatlich zu erwirtschaften gilt. Haben Sie ein gutes finanzielles Polster, das Ihnen nachhaltig mindestens zwölf Monate den Rücken freihält, schmeißen Sie dies zu guter Letzt in die Waagschale und Ihre Entscheidung dürfte in die Richtung der eigenen Unternehmung gehen.

Der andere Schritt in den Verbund in Form eines Handelsvertreters oder Franchisepartners in Gemeinschaftlichkeit mit einem gestandenen Unternehmen ist auf keinen Fall schlechter. Absolute Vorteile, die auf jeden Fall genannt werden müssen, sind die Großkundenkonditionen bei den Immobilienportalen, von denen Sie als Einzelunternehmer meist nur träumen können, sowie ein gewachsenes Marketingsystem samt meist rechtssicherem Formularwesen, das Ihnen die tagtägliche Arbeit erleichtert. Gerade im Zuge der immer schneller wechselnden rechtlichen Formerfordernisse werden Sie schneller zu einem Bürokraten im Unternehmen, als zum Unternehmer direkt an der Front, direkt an der Immobilie, direkt am Kunden. Zudem bekommen Sie häufig als Handelsvertreter auch einen kostengünstigen bis kostenlosen Büroplatz seitens des Unternehmens angeboten, sodass Ihnen auch die Anmietung eines

Büros erspart bleibt. Hierfür geben Sie als Handelsvertreter einen vertraglich vereinbarten Teil Ihrer Umsätze an das Unternehmen ab.

Fazit

Als Handelsvertreter verzichten Sie auf einen Teil Ihrer Umsätze, reduzieren dafür hingegen Ihr unternehmerisches Risiko meist auf Ihre Telefon- und Kfz-Kosten.

Der Franchisepartner ist rechtlich gesehen ein eigenständiges Unternehmen im Unternehmen des Franchisegebers und bezahlt letztendlich für die bekannte Marke und das gestandene System. Sie als Franchisepartner profitieren durch den Bekanntheitsgrad und die Großkundenkonditionen für Marketing, Immobilienvermarktung, Fachschulungen und Coaching, was nachhaltig Ihre monatliche Kostenstruktur als Unternehmer reduziert. Ein absoluter Benefit ist die Erleichterung Ihrer Arbeit im Rahmen der Akquise von neuen Vermarktungsobjekten und neuen Mitarbeitern für Ihr Franchisebüro.

Das Franchisepartnerkonzept hat sich in vielen Bereichen, also nicht nur im Immobilienmaklersegment, sehr gut bewährt. Ich verzichte an dieser Stelle bewusst darauf, Franchiseunternehmen aus dem Immobilienbereich zu nennen, denn schließlich könnte ich das eine oder andere Unternehmen in der Auflistung vergessen, oder der ein oder andere Leser könnte die Aufzählung als Rangliste missverstehen. Möchten Sie verschiedene Franchisesysteme miteinander vergleichen, bietet Ihnen das Internet gutes Potenzial dazu.

Fazit

Wer auf lange Sicht mit einem eigenen Team arbeiten möchte, sich allerdings lieber auf Team und Immobilienarbeit konzentriert und die Bürokratie eher anderen überlässt, der ist im Franchisesystem gut aufgehoben.

Meine persönliche Empfehlung an Sie: Sollten Sie sich noch in der Findungsphase befinden, kann ich Ihnen den Schritt als Handelsvertreter in die Immobilienmaklerei einzusteigen nur ans Herz legen. Sie starten mit einem überschaubaren unternehmerischen Risiko, gehen keine lang-fristigen Miet- oder Vermarktungsverträge ein und partizipieren sehr häufig von guten internen Fachschulungen und einem Coach, der Ihnen auf die Finger guckt und mit Tipps und Tricks zur Seite steht.

Letztendlich müssen Sie beim Kunden und Interessenten überzeugen und nicht das Unternehmen, das an Ihrer Seite steht. Sie bauen sich über die Zeit einen guten Leumund auf, sofern Sie einen guten Job machen. Sie persönlich werden bei sehr guter Arbeit weiterempfohlen und nicht das Unternehmensdach, unter dem Sie schützend stehen.

Haben Sie sich im Markt platziert, sich einen Namen gemacht und den Wunsch, die Marke „Ich" fester im Markt zu positionieren, steht Ihnen der Weg ins Franchise oder die komplett eigene Unternehmung in Ihrem eigenen Namen frei. Kein Kunde nimmt Ihnen Verbesserungen und Expansion übel, sofern Sie Ihre Kunden nicht vergessen und weiter-hin einen guten Job machen. Zudem tut es dem Immobilienmaklermarkt immer gut, wenn jemand sein Wissen auf andere multipliziert. So wer-den wir es auf lange Sicht gemeinsam schaffen, die Messlatte für den Standard eines Immobilienmaklers immer weiter anzuheben. Im-mobilieneigentümer, Kauf- und Mietinteressenten haben schließlich ein Anrecht auf eine sehr gute Betreuung durch einen Immobilienmakler. Helfen Sie mit, den Qualitätsstandard unter den Immobilienmaklern zu steigern!

> **Schlüsselfragen für Ihren Erfolg**
>
> • Welcher Immobilienmaklertyp bin ich?
> • Welcher Immobilienmaklertyp will ich werden?

1.3   Haftung und Absicherung

Aus der Erfahrung heraus kann ich Ihnen sagen, dass viele unser Kollegen der festen Überzeugung sind, nicht in Haftungsfallen treten zu können. Leider muss ich Sie an dieser Stelle enttäuschen. Eine Haftungsfalle tut sich schneller auf als wir uns vorstellen können.

Dazu müssen wir die Haftungsmöglichkeiten erst einmal unterscheiden. Ich weise an dieser Stelle darauf hin, dass meine Ausführungen keinerlei Rechtsberatung darstellen, sondern Ihnen nur die Risiken aufzeigen, die auftreten können.

Nach dem § 823 Abs. 1 Bürgerliches Gesetzbuch (BGB) ist jeder einem anderen zum Schadenersatz verpflichtet, der fahrlässig, grob fahrlässig oder mit Vorsatz das Leben, den Körper, die Gesundheit, die Freiheit, das Eigentum oder ein sonstiges Recht widerrechtlich verletzt. Somit unterscheiden wir grob dargestellt zwischen Personen-, Sach- und Vermögensschäden. Personen- und Sachschäden sind schnell mit kleinen Beispielen erklärt:

Beispiel Personenschaden

Während einer Besichtigung, die Sie durchführen, ziehen Sie voreilig eine Tür zu, ohne zu erkennen, dass Ihr Interessent seinen Finger noch dazwischen hat. Er erleidet einen Sehnenabriss und muss ärztlich behandelt werden. Als Folge Ihres Türschließens versteift der Finger Ihres Interessenten. Aufgrund anwaltlichen Beistandes erwartet der geschädigte Interessent Schadenersatz in Form von Schmerzensgeld infolge des Personenschadens.

Beispiel Sachschaden

Bei einer Besichtigung an einem Freitag öffnen Sie in einer Dachgeschosswohnung die Dachflächenfenster, um zu lüften. Leider vergessen Sie beim Verlassen der Wohnung diese zu schließen und der Wochenendregen verwandelt den Teppich in eine Feuchtlandschaft. Der Eigentümer erwartet von Ihnen nun einen Schadenersatz als Folge eines Sachschadens.

In beiden zuvor genannten Fällen könnte Ihre Betriebshaftpflichtversicherung einspringen, sofern Sie sich rechtzeitig für eine solche entschieden haben. Auch für sogenannte Vermögensschäden gibt es eine spezielle Berufshaftpflichtversicherung, die Sie abschließen können; meiner Ansicht sogar sollten. Eine Versicherung vermeidet zwar keine Haftungsfallen, doch Ihre persönliche Haftung können Sie dadurch möglicherweise minimieren oder gar rückdecken. Minimieren oder den Versuch des Ausschlusses erreichen Sie mit höchster Wahrscheinlichkeit eher, wenn Sie sich alles Wesentliche unterschreiben lassen.

Beispiel

Sie vermitteln ein Objekt, in dem es in der Vergangenheit einen Wasserschaden gab. Dieser führte zu feuchten Kellerwänden, die immer noch Probleme bereiten. Pflichtbewusst wie Sie sind, erwähnen Sie das auch bei Ihren Besichtigungen. Leider sind Käufer im Nachhinein immer leicht vergesslich und Sie geraten in die Beweispflicht. Im schlimmsten Fall ist dies ein Fall für Ihre Vermögensschadenversicherung, sofern Sie Probleme mit der Beweispflicht haben. Der schlaue Makler „Fuchs" lässt sich solche wichtigen Objektinformationen auf eine Art Beratungsdokumentation von Verkäufer und Käufer gegenzeichnen oder lässt einen Hinweis im notariellen Kaufvertrag aufnehmen.

Denken Sie immer daran:

Wer schreibt, der bleibt.

Weitere Informationen zum Thema Absicherung durch Versicherungen bekommen Sie entweder im Internet oder beim Versicherungsbüro Ihres Vertrauens.

2

Objekt- und Kundenakquise

Zusammenfassung Die Akquise von Kunden und Objekten wird häufig als Mysterium beschrieben, wobei es den meisten Immobilienmaklern nur an einer richtigen Strategie fehlt. Dieses Kapitel beschäftigt sich mit unterschiedlichen Ansätzen, um Kunden und damit auch Objekte erfolgreich zu akquirieren. Lernen Sie die unterschiedlichen Möglichkeiten der Kundengewinnung und der nachhaltigen Objektakquise kennen.

Die Akquise von Kunden und Objekten wird häufig als Mysterium beschrieben, wobei es den meisten Immobilienmaklern nur an einer richtigen Strategie fehlt. Dieses Kapitel beschäftigt sich mit unterschiedlichen Ansätzen, um Kunden und damit auch Objekte erfolgreich zu akquirieren. Lernen Sie die unterschiedlichen Möglichkeiten der Kundengewinnung und der nachhaltigen Objektakquise kennen.

Neukunden beziehungsweise neue Objekte braucht jeder Immobilienmakler, ob zu Beginn oder während seiner beruflichen Karriere. Somit ist eine der Kernfragen immer und immer wieder, wie man an neue Kontakte und an neue Objekte gelangt. Im Folgenden stelle ich Ihnen ver-

© Der/die Autor(en), exklusiv lizenziert durch Springer Fachmedien Wiesbaden GmbH, ein Teil von Springer Nature 2021
O.-D. Helfrich, *Erfolgsstrategien für Immobilienmakler*,
https://doi.org/10.1007/978-3-658-35683-5_2

schiedene Varianten, unterschiedliche Möglichkeiten dar, die Sie in Ihre Kunden- und Objektakquise einfließen lassen können.

Es sei mir noch der Hinweis erlaubt, dass es auf keinen Fall nur „den einen richtigen" Weg gibt, es ist eher das Zusammenspiel aus mehreren Aktivitäten, die im Laufe Ihrer langjährigen Tätigkeit funktionieren werden. Es ist wie das Kochen für Familie oder Freunde. Sie werden es nie schaffen, mit nur einem Gericht den Geschmack aller zu treffen. Mit einer Komposition aus mehreren kleineren Speisen sind die Chancen, alle eingeladenen Familienmitglieder, alle eingeladenen Freunde zufrieden zu stellen, weitaus größer. Genauso verhält es sich auch in der Kunden- und Objektakquise. Den einen Eigentümer erreichen Sie durch Printmedien, den anderen eher über persönliche Ansprache, den nächsten über einen Dritten als Empfehlungsgeber.

2.1   Streubombe oder Farming

Auch sollten Sie sich im Vorfeld überlegen, ob Sie Ihre Akquise und den Aufbau Ihres Unternehmens über das Farming durchführen oder wie eine Streubombe über das Land wüten. Wo genau liegt der Unterschied?

Die Akquise und Werbetechnik „Streubombe" ist schnell erklärt und abgehandelt. Sie werben und akquirieren ohne Sinn und Verstand in den unterschiedlichsten Regionen in der Hoffnung, dass irgendwo und irgendwie ein Neukunde oder ein Neuobjekt abfällt. Was daraus resultiert ist ein extrem großer Arbeitsradius ohne sinnvolle Konzentration. Das Endergebnis liegt für Sie auf der Hand. Ich prognostiziere Ihnen, dass Sie eher Berufskraftfahrer mit leicht beratender Besichtigungstätigkeit werden, als ein professioneller Immobilienmakler, der seinen Markt, sein Klientel und seine Objekte bis in das Kleinste kennt.

Bei der Werbeausbreitung über das Farming beginnen Sie in Ihrem direkten Tätigkeitsumfeld. Sie streben über das System des Farmings die Marktführerschaft in Ihrem regionalen Tätigkeitsumfeld an. Sie fokussieren sich von Ihrem Büro als Mittelpunkt auf einen von Ihnen fest gelegtem Radius. Dieser Bereich stellt nun Ihre erste Farm dar. Diese müssen Sie nun tagein, tagaus beackern, denn jeder Bauer weiß, dass er erst säen muss, bevor er ernten kann.

Bevor Sie allerdings mit dem Säen beginnen, sollten Sie einmal Ihre Äcker genauestens untersuchen. Überprüfen Sie, welche Objekte es in Ihrem Umfeld gibt, zu welchen Preisen Objekte in Ihrem Umfeld angeboten werden. Wie viele Objekte werden überhaupt angeboten und wer genau sind Ihre Mitbewerber. Lernen Sie Ihre Farm kennen. Machen Sie sich mit dem Immobilienmarkt in Ihrem Farming-Bereich vertraut. Prüfen Sie die unterschiedlichsten Lagen und Straßen; wer wohnt wo und warum. Lernen Sie die einzelnen Straßen kennen. In welcher Straße stehen was für Objekte. Merken Sie sich die Straßennamen. Haben Sie den Stadtplan Ihrer Farm im Kopf. Wo stehen die Einfamilienhäuser? Wo befinden sich in Ihrem Farmbereich Doppelhaushälften? Wo sind überwiegend Reihenhäuser oder auch Mehrfamilienhäuser erbaut? Welcher Straßenzug, welcher Stadtteil ist in welchem Jahrzehnt entstanden? Wie verhält es sich mit der Infrastruktur in Ihrem Farming-Bereich? Wo sind Kindergärten, Schulen, Banken, Ärztehäuser und Einkaufsmöglichkeiten? Nichts ist schlechter als ein Makler, der sein Gebiet nicht kennt, nichts ist schlimmer als ein Bauer, der seine Felder nicht bis ins Kleinste kennt.

Ist es Ihnen gelungen, Ihre Farm erfolgreich und ertragreich zu beackern und zu bewirtschaften, pachten Sie einfach neue Äcker hinzu. Wenn Sie es geschafft haben, sich und Ihr Unternehmen in Ihrem Umfeld, in Ihrer Region bekannt zu machen und Ihre Marktpositionierung gefestigt ist, vergrößern Sie Ihren Tätigkeitsradius. Erschließen Sie also erst nach und nach weitere Gebiete, sodass Sie immer in der Lage sind, Ihre Farm, Ihren Tätigkeitsradius im Auge zu behalten, um die Position des Platzhirsches aufrecht zu halten.

Fazit
Um Ihr Unternehmen erfolgreich aufzubauen, brauchen Sie ein System.

Steigen wir nun direkt in die verschiedensten Varianten und Möglichkeiten der Objekt- und Kundenakquise ein, die es Ihnen ermöglichen, den Immobilienmarkt zu erobern.

2.2　Flyer

Flyer sind als Marketingmittel überall bekannt. Flyer haben auch Sie laufend in Ihrem Briefkasten. Seien es Flyer des Pizza-Bringdiensts, der Lebensmittelmärkte der Umgebung, der Altkleidersammlung oder auch Flyer der kleinen Betriebe Ihrer Umgebung. Jeder greift gerne auf diese Art der Printwerbung zurück. Sie ist in der Tat die einfachste, kostengünstigste und auch niederste Art der Werbung. Dennoch liegen die Vorteile klar auf der Hand. Die Verlustquote von bis zu 99,99 % kennend, machen Sie im direkten Umfeld auf sich aufmerksam.

Ich behaupte: Lieber Flyer verteilen, als gar keine Werbung! Mal allen Ernstes, Sie als Makler sitzen in Ihrem voll eingerichteten Büro, alle Onlineportale verfügbar, im EDV-Bereich top ausgestattet, doch kein Hausverkäufer kommt zu Ihnen ins Büro. Kein Vermieter verirrt sich zu Ihnen, wenn er nicht weiß, dass es Sie gibt.

Nutzen Sie also ruhig auch die niederste Form des Marketings, um Werbung für sich selbst zu machen. Peppen Sie Ihre Flyer doch mal etwas auf. Seien Sie etwas frecher, etwas provozierender oder auch einfach etwas edler, etwas abgehobener, um Aufsehen zu erregen. Die Verlustquote der Flyer, die in das Altpapier wandern, wird sich nicht auffallend verringern, doch das Umfeld wird Sie und Ihr Unternehmen zumindest zur Kenntnis nehmen. Mit ein bisschen Glück und Zeit wird Ihr Umfeld auch über Sie reden. Sie werden auf jeden Fall bekannter und das wird nachhaltig Früchte tragen. Bevor Sie jetzt auf die Idee kommen, es nun doch einmal mit „einem" Flyer zu versuchen, möchte ich Ihnen ans Herz legen, dass es die Wiederholung ausmachen wird. Einmal Flyer entspricht gleich einmal den Weg zur Altpapiertonne; doch vierteljährliche oder anlassbezogene Flyer sorgen dafür, dass Ihr Logo, Ihr Name auf Dauer einen Wiedererkennungswert hat und nach und nach mehr Berücksichtigung in Ihrem Umfeld finden wird.

Aus der Erfahrung heraus versichere ich Ihnen, dass sich meine getätigten Flyeraktionen mittlerweile mehrfach gerechnet haben.

Überlegen Sie sich, bevor Sie starten, eine oder mehrere Flyerstrategien und entscheiden Sie sich für ein klares Corporate Design. Beim Corporate Design wird das Augenmerk auf den Designaufbau gelegt. Achten

Sie darauf, dass Sie eine gleichbleibende Flyerform und Flyergröße haben, wiederkehrende Schriftform und Schriftgröße einsetzen, und sich Ihr Firmenlogo immer am gleichen Platz befindet. So sorgen Ihre Flyerkampagnen für einen hohen Wiedererkennungswert.

2.3 Persönliche Ansprachen

Mit Flyern schaffen Sie es, Menschen auf Ihr Unternehmen aufmerksam zu machen, die Sie nicht persönlich kennen. Doch es gibt in Ihrem persönlichen Umfeld bestimmt auch Menschen, die Sie persönlich kennen. Ok, vielleicht wissen diese Menschen noch nicht, was Sie genau machen oder diese Menschen wissen zwar, was Sie machen, allerdings nicht wo und unter welcher Flagge. Hier soll es sich in der Vergangenheit bewährt haben, zwischendurch von sich, seiner Tätigkeit und seinem Unternehmen zu berichten. Nun klar, jetzt sagen Sie zu Recht: *Ich kann doch nicht mit einer Brechstange mein Umfeld bearbeiten. Die wenden sich doch alle von mir ab.* Und tatsächlich stimmt das auch. Mal angenommen, Sie haben immer die Immobilienmaklerei als Gesprächsthema, gebe ich zu, Ihr Umfeld wird irgendwann genervt sein, andauernd etwas über Ihren Job hören zu müssen. Sinnvoller ist es ab und an, ein paar kurze und knackige Informationen zu streuen, damit sich Ihre professionelle Arbeit, Ihr Engagement für Immobilieneigentümer und Kauf- und Mietinteressenten nach und nach im Unterbewusstsein Ihres Umfeldes festigt.

Bevor wir uns nun gleich verschiedene Situationen und die Beispiele für persönliche Ansprachen genauer ansehen, möchte ich kurz auf eine wichtige Vorbereitung eingehen, die Ihnen die Arbeit der persönlichen Ansprachen erleichtert und eine gute Vorbereitung für ein ausgeprägtes Netzwerk ist. Einige von Ihnen werden schon erraten haben, dass ich von einem Personen-Mind-Mapping (Abb. 2.1) spreche. Um Sie nicht zu lange auf die Folter zu spannen, steigen wir gleich in den Ablauf ein. Schnappen Sie sich mehrere Blätter Papier, die Sie zu einem großen Blatt zusammenkleben, eine Rolle Tapetenrückseite oder gehen Sie in einen Bürofachhandel und holen sich einen Tonkarton DIN A0. In der Mitte des Papiers schreiben Sie Ihren Namen und malen einen Kreis oder ein Viereck drum herum. Von diesem aus zeichnen Sie nun die ver-

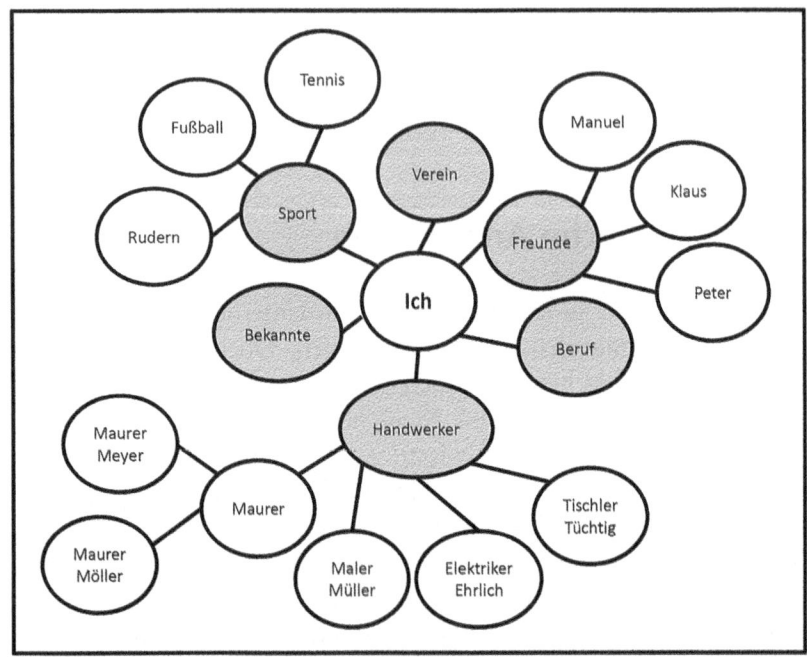

Abb. 2.1 Mind-Mapping

schiedensten Abzweigungen zu dem jeweils nächsten Kreis oder Viereck. Diese benennen Sie zum Beispiel mit den Worten: Familie, Freunde, Bekannte, Umfeld, Sport, Beruf, Verein, Schule, Handwerker o. ä. Von diesen Themenkreisen, von diesen Themenvierecken zeichnen Sie weitere Abzweigungen. Beispiele für die Unterthemenkreise, für die Unterthemenvierecke sind: Sport zu Fußball, Tennis, Golf, Rudern; Verein zu Schützenverein, Skat-Klub, Briefmarkensammelverein; Beruf zu Architekten, Energieberater, Hausverwaltungen, Gutachter, Maurer, Dachdecker, Elektriker u. a. Im nächsten, möglicherweise in einigen Bereichen auch letzten, Abzweigungsweg erfassen Sie nun alle Namen von den Menschen, die Sie aus den jeweiligen Bereichen kennen. Sie werden feststellen, wenn Sie beim Kaufen des Tonpapiers noch glaubten, dass Sie kaum jemanden kennen, sollten Sie nach dem ersten großen Arbeitsschritt mindestens 50–100 Namen erfasst haben, von Menschen, denen Sie bekannt sind. Das sollte doch wohl auch aus Ihrer Sicht ein gutes

Potenzial für den Ausbau Ihres Immobilienmaklerunternehmens sein. Das Schöne an Ihrer Mind-Mapping-Karte ist der stetige Ausbau. Sie können also immer weitere Kontakte erfassen, die entweder neu in Ihr Leben treten oder an die Sie sich erst später wieder erinnern.

Gehen wir im Folgenden auf zwei verschiedenen Situationen und die Möglichkeiten ein, Ihr Umfeld über persönliche Ansprachen in Ihre Arbeit einzubeziehen.

In der ersten Situation haben Sie eine Familie, bestehend aus Vater, Mutter und Kind. Diese Familie sucht in einem bestimmten Stadtteil eine Wohnung zum Kauf. Wenn Sie nicht gerade eine oder gar mehrere Wohnungen in Ihrem Bestand aktuell betreuen, die sich in dem gefragten Stadtteil befinden, haben Sie zum einen die Möglichkeit, das Internet zu durchforsten, Zeitungen zu wälzen oder alle Personen aus Ihrem Mind-Mapping zu aktivieren, die entweder in dem gefragten Stadtteil leben, oder mögliche Kontakte in diesem Stadtteil haben. Durch das Aktivieren dieser Personen erreichen Sie drei Dinge:

- Mit ein wenig Glück finden Sie auf Anhieb jemanden, der Ihnen helfen kann oder Kontakte zu einem Dritten besitzt, der im Begriff ist, seine Wohnung zu veräußern. Wichtig an dieser Stelle ist, dass Sie sich bei der Person aus Ihrem Mind-Mapping erkenntlich zeigen. Die Art und Weise, wie Sie dies tun, entscheiden Sie je nach Person. Wichtig ist, dass es zu dieser Person passt. Falsch wäre, einem Vegetarier einen Gutschein für ein Rodizio-Essen oder einem Nichtraucher einen Gutschein zu einem Zigarren-Tasting zu schenken. Ich denke, Sie verstehen, worauf ich hinauswill.
- Der zweite angenehme Effekt ist die dezente Werbung, die Sie für sich und Ihr Unternehmen machen. Die angesprochenen Personen aus Ihrem Mind-Mapping erkennen, dass Sie sich für suchende Menschen einsetzen und sich für Andere ins Zeug legen. Zudem rufen Sie Ihren Beruf in Erinnerung.
- Der dritte Effekt ist der langfristig nachhaltigste. Denn auch im Nachgang zu Ihrer Suche kann es nach ein paar Monaten passieren, dass Sie von den angesprochenen Personen eine Rückmeldung mit dem Tenor bekommen: *„Sage mal, du hast doch vor Kurzem nach einer Wohnung gesucht. Ich wüsste jetzt eine. Ist es schon zu spät?"* Natürlich ist

es nie zu spät, denn neue Objekte kann schließlich jeder Immobilienmakler gebrauchen.

Die zweite Situation ist genau die Umgekehrte. Sie haben ein Objekt in der Vermarktung und keine passenden Interessenten. Auch in diesem Falle ist Ihr Personen-Mind-Mapping von großem Nutzen. Diesmal nehmen Sie Kontakt zu Personen auf, die in dem Umfeld des besagten Objektes wohnen und erkundigen sich, ob sie jemanden wüssten, der in diesen Stadtteil ziehen oder innerhalb dieses Stadtteils umziehen will. Die Effekte und der Ablauf sind natürlich denen der ersten Situation sehr ähnlich.

Letztendlich ist es einfach wichtig, dass Sie sich immer wieder bei Ihrem Umfeld ins Gedächtnis rufen. So erschaffen Sie sich auf lange Sicht ein gut ausgebautes Netzwerk. Hier gilt die alte Vertriebler-Weisheit: *Kontakte schaden nur dem Immobilienmakler, der keine hat.*

Fazit

Beginnen Sie frühzeitig mit einem Personen-Mind-Mapping. Es zahlt sich langfristig aus.

2.4   Persönliche Briefe

Der Bereich der persönlichen Briefe beinhaltet verschiedenste Akquisevarianten mit Briefen, die wir uns jetzt gemeinsam anschauen werden.

Zu Beginn Ihrer Maklertätigkeit können Sie im Rahmen von Briefen mit dem Adressaten „Liebe Nachbarn" Ihr Umfeld über Ihre Tätigkeit informieren. Schreiben Sie ein paar nette Zeilen über Ihr Unternehmen und informieren Sie in dem Brief über Ihre Arbeit, sowie die Vorteile einer Vermarktung über Sie. Arbeiten Sie in Ihrem Brief die Highlights Ihrer Dienstleistung heraus und weisen Sie dezent auf die Pluspunkte hin, mit denen Sie sich von Ihren Mitbewerbern abheben. Diese Highlights könnten Erreichbarkeiten und Besichtigung en auch an Wochenenden sein. Luftbilder mithilfe einer Fotodrohne oder einfach die Aufzählung Ihrer Vermarktungsmöglichkeiten könnten Sie vom Marktumfeld

abheben. Gehen Sie abschließend darauf ein, dass Sie aufgrund Ihrer derzeitigen Objektsuche die Hilfe Ihrer Nachbarn benötigen.

Während Ihrer laufenden Vermarktung einer konkreten Immobilie
haben Sie die Möglichkeit, gezielt persönliche Briefe im Umfeld dieses
Objektes zu verteilen, um die direkten Nachbarn im Umkreis von maximal 250 m auf den Verkauf dieser Immobilie hinzuweisen. In diesem
Brief erwähnen Sie, dass in der direkten Nachbarschaft ein Haus oder
eine Wohnung einen neuen Eigentümer oder Mieter sucht. Gehen Sie
dabei kurz aber prägnant auf die Vorzüge dieses Objektes ein, damit die
Nachbarschaft eine Vorstellung von der Immobilie bekommt. Warum
das sinnvoll ist, fragen Sie sich? Immer häufiger kommt es vor, dass gerade die Nachbarn im Umfeld eine Objektes Personen aus Ihrem Be-
kanntenkreis, aus dem Sportverein oder von der Arbeitsstelle kennen, die
gerne in dieser Gegend wohnen möchten. Nutzen Sie also über diesen
Informationskanal „persönlicher Brief" die Chance, potenzielle Käufer
zu generieren, an die Sie sonst nicht gekommen wären.

Darüber hinaus nutzen Sie die beworbene Immobilie, um eine besondere Art des Marketings durchzuführen. Es gibt nicht viele Makler,
die sich die Arbeit machen, Briefe zu schreiben und diese auch noch gezielt an Haushalte verteilen lassen. Somit schaffen Sie sich schon einmal
bei diesen Menschen ein besonderes „Standing", denn schließlich machen Sie augenscheinlich mehr als Ihre Mitbewerber. Es hebt Sie somit
vom Markt ab. Weiterhin machen Sie Werbung für sich in einem konkreten Umfeld. Die Anwohner erkennen, dass Sie hier in diesem Gebiet
tätig sind. Es muss also schon einen Eigentümer aus dieser Gegend geben,
der sich für Sie als Makler entschieden hat. Sie überzeugen also an dieser
Stelle schon indirekt über einen Dritten, der Ihnen seine Immobilie anvertraut hat.

Nach dem erfolgreichen Verkauf, der erfolgreichen Vermietung bietet
sich eine weitere Briefvariante. Mit dieser Nach-Informationsvariante
gehen Sie auch gleich auf neue Objektakquise-Tour. Auch hier ist Ihr
Adressat „Liebe Nachbarn", den Sie nun darüber informieren, dass die
Immobilie im Umfeld verkauft oder vermietet wurde und es in dem Umfeld in der nächsten Zeit einen neuen Nachbarn geben wird. Zudem weisen Sie darauf hin, dass aus den Besichtigungen nun doch noch ein Interessent, oder auch zwei oder drei Interessenten übriggeblieben sind, die

gerne in diese Straße, diese Umgebung, diesen Stadtteil ziehen wollen. Nun bitten Sie die Nachbarn des Umfeldes um Ihre Mithilfe. Falls in naher Zukunft jemand sein Objekt verkaufen oder vermieten möchte, oder jemanden in dieser Straße, dieser Umgebung, diesem Stadtteil kennt, der verkaufen oder vermieten will, möge er gerne auf Sie zukommen. Mit diesem Brief dringen Sie in das Unterbewusstsein des Lesers ein. Sie vermitteln ihm unterschwellig, dass Sie Ihren Job können, dass Sie sich in diesem Umfeld auskennen, denn schließlich haben Sie hier ja schon ganze Arbeit geleistet, Sie haben eine Immobilie vermakelt. Auch schaffen Sie es bei einigen Lesern aufgrund Ihrer Bitte zur Unterstützung, das Helfersyndrom hervorzurufen. Sie betteln ja an dieser Stelle nicht um neue Objekte, sondern bitten um Mithilfe, weil Sie ja noch potenzielle Kauf- oder Mietinteressenten aufweisen können, denen Sie helfen sollen, ein neues Zuhause zu finden. Der Text eines solchen Briefes könnte wie folgt lauten:

Beispiel Musterbrief

Pssst, schon gehört? Sie bekommen neue Nachbarn!

Liebe Nachbarn und unmittelbare Nachbarn des Hauses Glücksgasse 46, es freut mich besonders, Ihnen heute mitteilen zu dürfen, dass Sie in den kommenden Wochen neue Nachbarn im Haus 46 begrüßen können. Die Wohnung im 2. Obergeschoss links im Haus 46 ist verkauft worden und wird nun neu bezogen.

Nun brauche ich Ihre Hilfe: Aufgrund der Vermarktung und der Besichtigungen im Hause 46 sind noch zwei Interessenten übrig, die hier ebenfalls gerne wohnen wollen und Ihre Nachbarn sein möchten. Dementsprechend bin ich auf der Suche nach Eigentümern, die möglicherweise ihre Wohnung in neue, vertrauensvolle Hände geben würden. Wenn Sie sich angesprochen fühlen oder einen Eigentümer kennen, der seine Wohnung veräußern möchte, kommen Sie einfach auf mich zu. Gemeinsam finden wir eine attraktive Lösung.

Liebe Grüße an alle Nachbarn des Hauses 46

Ihr Mustermakler

Reiner Zufall

Diese Art der Akquise und des Marketings über Haushaltsbriefe in der Objektumgebung eignet sich besonders, wenn Sie über das Farming wachsen wollen. Durch immer wiederkehrende Briefe verschiedenster

Themen und Objekte, gelangen Sie und Ihr Unternehmen in die Köpfe der Bewohner dieses Stadtteils. Immer und immer wieder fällt Ihr Name im Zusammenhang mit Immobilien in diesem Gebiet auf. Nachhaltig werden Sie automatisch für den Platzhirsch gehalten. Über diesen Weg können Sie bequem zu neuen Objekten und zu neuen Kunden gelangen.

2.5 Regionale Aktivitäten

Um gleich auf den Punkt zu kommen, lassen Sie uns auf keinen Fall verpassen, das Thema „Regionale Aktivitäten" vorab zu definieren. In meiner Definition fallen hierunter alle aktiven Maßnahmen und Veranstaltungen, die Sie in Ihrem Umfeld, in Ihrem Farming-Bereich durchführen, um Ihren Bekanntheitsgrad zu erhöhen. So schaffen Sie es, eine aktive Eigenwerbung zu machen, in der Sie sogar als Person grundsätzlich im Mittelpunkt stehen können.

Doch steigen wir gleich voll ein. Wir werden uns folgende regionale Aktivtäten genauer ansehen: Stadtteil- oder Straßenfest, Tag der offenen Tür, Unternehmerstammtisch und Unternehmer-Werbegemeinschaft. Dieser Auflistung bedarf kein Anspruch auf Vollständigkeit. Es gibt noch eine weitere Anzahl von Möglichkeiten, die Ihnen offenstehen, doch wir werden uns auf die vier vorstehend genannten konzentrieren.

2.5.1 Stadtteil- oder Straßenfest

Das Stadtteil- oder Straßenfest ist eine gute Möglichkeit, sich innerhalb eines Stadtteils, innerhalb einer bestimmten Straße stärker ins Gespräch zu bringen. So gibt es häufiger Stadtteil- oder Straßenfeste, in denen sich die Anwohner zusammenschließen, um ein gemeinsames Tages- oder Wochenendfest zu feiern. Dieses Fest besteht meist aus typischen Spiel- und Spaßaktivitäten, Gewinnattraktionen, sowie Stände des leiblichen Wohls. Jetzt das Spannende an der Geschichte, egal welchen Bereich Sie, lieber Leser, als den Ihrigen auswählen, Sie können ihn optimal nutzen, um die Werbetrommel für sich und Ihr Unternehmen zu rühren.

Entscheiden Sie sich für die Spiel- und Spaßattraktionen, haben Sie die Möglichkeit, Ihr Unternehmenslogo groß zu präsentieren, gepaart mit Aufstellern, die für die Kunden- und Objektakquise geeignet sind. Während sich Kinder bei Ihnen auf einer Hüpfburg, beim Kinderschminken, beim Kasperletheater oder Karussellfahren vergnügen, kommen Sie und Ihre Kollegen mit den Erwachsenen automatisch ins Gespräch.

Fühlen Sie sich eher zu den Ständen des leiblichen Wohls hingezogen, nutzen Sie einfach die Möglichkeit, Kaffeebecher, Trinkbecher, Pappteller, Wurstpappen oder Servietten mit Ihrem Logo, mit Ihrem Konterfei, mit Ihrem Werbeslogan bedrucken zu lassen. Sind Bierdeckel gefordert, bedrucken Sie diese doch mit einem zu verkaufenden Objekt aus dem Stadtteil oder aus der Straße, in der das Fest stattfindet. Zudem können Sie auch mit Namenserwähnung eine Anzahl an Freiwürsten oder ein Fass Freibier sponsern. Gepaart mit einem Verköstigungszeitraum und einer dazugehörigen Werbekampagne erzielen Sie die besten Effekte.

Sie sind eher der Spieler und Zocker? Schlägt Ihr Herz bei dem Wort „Gewinnattraktionen" schneller? Dann sollten Sie sich auf dem Stadtteilfest oder dem Straßenfest doch mit einem Glücksrad oder einem Rategewinnspiel einbringen. Das Rategewinnspiel lässt sich eher für Erwachsene ausrichten, während sich das Glücksrad für Jung und Alt eignet. Nutzen Sie beim Thema Rategewinnspiel entweder die Art des Preisausschreibens, bei dem der Teilnehmer Fragen beantworten muss, deren Lösungen sich bei Ihnen am Stand in Form von Bildern, Texten oder Slogans verstecken. Die andere Möglichkeit ist die Art der Quizshow, bei der sich die Teilnehmer ebenfalls an Ihrem Stand über Bilder, Texte und Slogans informieren und dann zu zweit mit Ihnen als Quizmaster im Duell Fragen beantworten müssen. Mit den Rategewinnspielen schaffen Sie es, lieber Leser, dass sich die Teilnehmer automatisch über Ihr Unternehmen und Ihre Tätigkeit informieren.

Bei der Glückradmethode bekleben Sie das Glücksrad in den einzelnen Feldern zum Beispiel mit Ihrem Firmenlogo, Objektbildern aus Ihrem Bestand oder Fotos von Ihnen und Ihrer Maklerkollegen. Als Gewinn loben Sie typische Give-aways wie Schreibsets, bestehend aus Kugelschreiber und Block DIN A5, Rot- und Weißweine, Beachball-

Sets, Fußbälle und weitere Spielsachen aus, die natürlich alle mit Ihrem Logo bedruckt sind. Sie erreichen neben den Bildern vom Stand und Glücksrad auch mit den Give-aways, dass sich Ihre Firma in das Unterbewusstsein der Teilnehmer und Gewinner einbrennt.

> **Fazit**
> Stadtteil- und Straßenfeste sind eine angenehme Art der Werbung und Akquise, mit garantiertem Spaßfaktor.

2.5.2 Tag der offenen Tür

Der Tag der offenen Tür eignet sich besonders, um Ihr Unternehmen und Ihre Arbeit in regelmäßigen Abständen Ihren Bekannten, Ihren Freunden, Ihren Personen aus Ihrem Mind-Mapping in Ihren Büroräumen zu präsentieren. So ermöglichen Sie all Ihren Kontaktpersonen, die als Empfehlungsgeber tätig sein könnten, einen Einblick in Ihre professionelle Arbeitsweise und Ihrem repräsentativen Büroraum zu gewinnen.

Bei der Durchführung eines Tages der offenen Tür gilt es allerdings einiges zu beachten, damit der Tag nicht ins Wasser fällt. So benötigen Sie eine gute Vorbereitung, damit an diesem Tage auch nichts dem Zufall überlassen werden muss. Bedenken Sie die rechtzeitige Bewerbung für den Tag der offenen Tür, damit auch viele Gäste diesen Tag einplanen und sich freihalten können. Dazu als Tipp: Keinen Tag der offenen Tür zwischen Montag und Freitag. Die meisten Ihrer Gäste dürften da wahrscheinlich eher selber arbeiten. Ok, auf der anderen Seite könnten Sie im Nachgang alle nicht erschienenen Gäste anschreiben und darüber schwärmen, wie toll es war und dass es sehr schade gewesen sei, dass Sie den einen oder andern nicht begrüßen konnten, weil er sich eben nicht freigenommen hat. Diese Aktion wäre allerdings eher als Marketing-Gag zu verstehen.

Nun aber zurück zu der Vorbereitung. Unumgänglich ist eine Personenbedarfsplanung und auch frühzeitige Personaleinteilung, damit jeder weiß, wofür er zuständig ist und warum. Überprüfen Sie, dass genügend Marketingmaterial vorhanden ist und dass Sie eine ausreichende Anzahl an gedruckten und gebundenen Exposés von Objekten aus Ihrem Bestand bereitliegen haben. Es könnte schließlich sein, dass Sie am Tag der offenen Tür den einen oder anderen Interessenten unter Ihren Gästen haben. Zudem eignen sich Stehtische auch optimal für persönliche Gespräche. Luftballons in Ihren Unternehmensfarben dürfen auf keinen Fall fehlen, denn diese sorgen für eine aufgelockerte Atmosphäre. Abschließend gilt Ihr Augenmerk der Planung zur Bewirtung Ihrer Gäste in Form von Fingerfood, kleinen Häppchen, Kuchen, Kekse, sowie Warm- und Kaltgetränken. Für diejenigen unter Ihnen, die ihren Tag der offenen Tür etwas gehobener mögen, empfehle ich kleine Variationen von Antipasti und auf jeden Fall den Ausschank von Sekt oder Prosecco.

Der Profi unter Ihnen, der in seinen Büroräumen einen Besprechungsraum hat, unterstreicht seinen Tag der offenen Tür mit einem Angebot an Kurzvorträgen, die über den Tag verteilt sind. Diese sollten nicht länger als 20 min sein, damit der Spaßfaktor nicht in einen Lernfaktor kippt. Gehen Sie in diesen Kurzvorträgen auf die verschiedensten Themen aus dem Immobilienbereich ein. Bei den Themen lasse ich Ihrer Fantasie freien Lauf. Als Anregung werfe ich Ihnen nur folgende Stichworte ein: Erneuerbare Energien, Sanieren und Modernisieren, optimal Finanzieren, Neubau, Gebrauchtimmobilie.

Fazit

Ein regelmäßiger Tag der offenen Tür sorgt für nachhaltigen Bekanntheitsgrad.

2.5.3 Unternehmerstammtisch

Kurz und knapp das Thema „Unternehmerstammtisch". Nehmen Sie an noch keinem Stammtisch teil, ändern Sie das. Gibt es keinen vernünftigen Unternehmerstammtisch in Ihrem Umfeld, gründen Sie einen.

Der Unternehmerstammtisch ist ein regelmäßiges Treffen gleichgesinnter Unternehmer aus den verschiedensten Branchen, die begriffen haben, dass man gemeinsam mehr erreichen kann als alleine. Verstehen

Sie mich nicht falsch, ich rede nicht davon, dass zehn Immobilienmakler ihre Objekte zusammenschmeißen und mischen, in der Hoffnung, dass jedes blinde Huhn auch mal einen Umsatz findet. Ich spreche von einem regelmäßigen Austausch von Unternehmern, die in einem Ort, in einer Region über ein Netzwerk wachsen wollen. Der Friseur, die Kosmetikerin führen häufig mit ihren Kunden privatere Gespräche als ein Immobilienmakler mit seinen Interessenten. So passiert es, dass der Friseur eher von einem Hausverkauf hört als Sie. Auf der anderen Seite lernen Sie Menschen kennen, die neu in Ihre Stadt, in Ihren Stadtteil, in Ihre Gemeinde ziehen. So können Sie für den besten Friseur, für die professionellste Kosmetikerin des Ortes doch auch einmal über Mundpropaganda Werbung machen. Meiner Ansicht nach ist ein Unternehmerstammtisch eine gute Möglichkeit, um nachhaltige Verbindungen zu anderen Unternehmern aufzubauen.

> **Fazit**
>
> Ein Unternehmerstammtisch ist ein regelmäßiger Austausch auf gleicher Augenhöhe.

2.5.4 Unternehmer-Werbegemeinschaft

Jetzt setzen wir einen drauf und sprechen über den Unternehmerstammtisch 2.0, die Unternehmer-Werbegemeinschaft. Diese ist der Zusammenschluss verschiedenster Unternehmer, die begriffen haben, dass gemeinsames Werben auf lange Sicht günstiger ist, als die Kosten alleine tragen zu müssen.

Auch hier haben Sie verschiedenste Möglichkeiten, so etwas umzusetzen. So habe ich in der Zeit, als ich in Bad Nenndorf von 2010 bis Ende 2012 mit einem Geschäftspartner eine Immobilienmaklerfirma geführt habe, schon nach kurzer Zeit den Kontakt zu anderen Gewerbetreibenden gesucht und im Jahre 2012 ein Art Werbezeitung im DIN-A4—Format ins Leben gerufen. Diese trug damals den Titel „Aktives Nenndorf". Hier haben in der ersten Ausgabe acht Unternehmen teilgenommen, bei der jeweils ein Unternehmen das Titelthema schrieb, zwei Unternehmen sich vorgestellt haben, ein Unternehmen ein Finanzthema schrieb und wir auf der Rückseite unsere Objekte beworben haben. Zudem gab es im unteren Teil des ersten Vierseiters je eine Visitenkarte der teilnehmenden Unternehmen. Diese Zeitung wurde dann per Aufsteller bei den teilnehmenden Unternehmen an die Kunden verteilt. Zudem haben wir den Werbevierseiter bei anderen Unternehmen beziehungsweise Einzelhandelsgeschäften ausgelegt, sodass bei der zweiten Auflage drei Monate später schon 13 teilnehmende Unternehmen dieses Werbemittel nutzten. So kamen wir bei der zweiten Auflage schon auf eine Werbezeitung mit acht Seiten und druckten sogar Gutscheine für die Kunden der Unternehmen ein. Welcher Effekt auftrat, fragen Sie sich? Wir haben es geschafft, bei einem Friseur Werbung für einen Steuerberater, ein Schuhhaus, einen Schlüsseldienst, einen Heizungs- und Sanitärbauer, eine Pflegeeinrichtung, eine Zahnärztin, einen Finanzmakler, eine Buchhandlung, einen Internetseitenprogrammierer, einen Bioladen, ein Kosmetikstudio und für uns als Immobilienmakler zu machen und das Ganze auch in den anderen Varianten.

Es lief so gut, dass es schon Neider gab. So war einer weiteren Werbegemeinschaft das Werbeblatt „Aktives Nenndorf" schon nach kurzer Zeit ein Dorn im Auge. Das Glück der anderen Werbegemeinschaft war das Einstampfen des Projektes, weil ich als federführende Person Bad Nenndorf der Liebe wegen Ende 2012 den Rücken kehrte und ins Ruhrgebiet zog.

Dies ist nur eine Möglichkeit, wie Sie unterschiedliche berufliche Interessen unter einen Hut bringen können. Weitere Möglichkeiten sind das Betreiben einer gemeinsamen Werbeplattform im Internet oder auch das Ausrichten einer kleinen gemeinsamen regionalen Unternehmermesse, die sich auch anlassbezogen ausrichten lässt. Ob Ostern, Erntedank oder auch die Adventzeit. Nutzen Sie diese Unternehmermessen um interessante neue Kontakte zu knüpfen, mögliche neue Kunden oder Objekte zu akquirieren, in dem Sie auf solch einer kleinen regionalen Unternehmensmesse Ihr Unternehmen professionell präsentieren.

Wichtig ist im Rahmen der regionalen Aktivitäten, dass Sie überhaupt etwas tun, um im Gespräch zu bleiben. Gemeinsame Werbeprojekte schaffen Synergien, die sich langfristig auszahlen werden, gerade wenn sich jeder Beruf auch nur einmal in Ihrer Werbeinteressengemeinschaft befindet.

Fazit

Alle Unternehmen verfolgen meist das gleiche Ziel: erfolgreich zu sein!

2.6   Kooperationen mit Gutachtern

Viele Vernetzungen im Immobilienbereich können durch Zusammenarbeit Früchte tragen. Deshalb erlauben Sie mir eine äußerst interessante Vernetzung vorzustellen. Doch vorher ein kleiner Blick in den Maklermarkt. Immer mehr Immobilienmakler werben mit der Bewertung oder der Einwertung als überragenden Benefit für den Immobilienverkäufer. Doch welcher Qualität unterliegen diese Bewertungen? Der Großteil dieser Bewertungen oder auch Einwertungen entstehen aus dem hohlen Bauch heraus, aus einem gefährlichen Halbwissen und einer über den Daumen gepeilten Bewertung. Mit vielen dieser Einwertungen, die ich mittlerweile schon sehen durfte, können Sie farblich eine Wand tapezieren, doch zu mehr reichen diese in der Regel leider nicht aus. Ok, ich gebe zu, Sie können versuchen, den Immobilienverkäufer mit Verkaufswerten zu beeindrucken, die häufig jenseits von Gut und Böse liegen. An dieser Stelle wünsche ich diesen Immobilienmaklern eine gute Vermögensschadenversicherung im Gepäck, falls es mal zu Regressansprüchen aufgrund falscher Einwertungen kommen sollte. Bauingenieure und Gutachter für Wohnimmobilien liefern hingegen eine professionellere Arbeit, die häufig auch bei finanzierenden Banken akzeptiert wird und meist sogar selbst bei Gerichten Stand hält. Sprechen wir also nun von der Königsklasse. Bieten Sie Ihren Immobilienverkäufern doch bei Abschluss eines Makleralleinauftrages als besondere Leistung ein offizielles Verkehrswertgutachten an, dessen Kosten Sie tragen.

Sie als Immobilienmakler gehen ja meist durch Ihre Arbeit in eine finanzielle Vorlage. Mein Tipp an Sie: Suchen Sie sich einen gleichgesinnten Gutachter, der bereit ist, Ihnen ein Gutachten in Vorleistung zu erstellen und beteiligen Sie ihn an der Verkaufsprovision. Ob das für den Gutachter interessant ist? Rechnen wir doch einmal gemeinsam durch, wie attraktiv es für beide Seiten ist.

Im Durchschnitt erhalten Sie in Deutschland eine Verkaufsprovision von 4,76 % des notariell beurkundeten Kaufpreises inklusive Umsatzsteuer (derzeit 19 %). Nehmen wir nun als Durchschnittsimmobilie ein Einfamilienhaus mit einem Verkaufspreis von 200.000 EUR, bedeutet dies im Erfolgsfalle eine Verkaufsprovision in Höhe von 9520 EUR inklusive Umsatzsteuer.

Um eine langfristige Zusammenarbeit mit dem Gutachter zu erhalten, sind Sie so fair und bieten ihm für das Gutachten eine Provision bei Verkauf in Höhe von 1,19 % des notariell beurkundeten Kaufpreises inklusive Umsatzsteuer.

Macht summa summarum für den Gutachter bei Verkauf des Einfamilienhauses eine Provision in Höhe von 2380 EUR inklusive Umsatzsteuer für die Erstellung des Gutachtens. Für Sie als Makler bleiben dann immer noch stattliche 7140 EUR inklusive Umsatzsteuer für die Vermarktung und Vermittlung der Immobilie über.

Vorteil für den Gutachter: Nachhaltige Einnahmen durch Gutachtenvermittlung durch Sie an Ihre Immobilienverkäufer.

Vorteil für Sie als Immobilienmakler: Wettbewerbsvorteil in Ihrer Region durch die Aufwertung Ihrer Tätigkeit aufgrund kostenloser Gutachten über einen Sachverständigen, als absoluten Benefit für den Immobilienverkäufer.

> **Fazit**
>
> Die Zusammenarbeit mit Gutachtern ist eine nachhaltige Kooperation, die Ihre Tätigkeit im Markt aufwertet!

2.7 Kooperationen mit Baufinanzierern

Die Zusammenarbeit mit einem Baufinanzierer kann ich Ihnen, lieber Leser, nur empfehlen. Diese Kooperation bietet Ihnen, gerade wenn Sie diese Verbindung mit einem unabhängigen Finanzierungsberater eingehen, eine bessere Bindung zu Ihren Kaufinteressenten oder zumindest ein mögliches kleines Zusatzeinkommen über eine Tippgeberprovision, sofern der Baufinanzierer bei dem empfohlenen Kaufinteressenten eine Baufinanzierung bei diesem platzieren kann. Das Spannende an dieser Kooperation ist die Tatsache, dass Sie diese Tippgeberprovision auch bekommen können, wenn der Kaufinteressent kein von Ihnen angebotenes Objekt kauft. Also Ihre Art von Cross-Selling.

Schauen wir uns beide Berufe mal etwas genauer an. Der Immobilienmakler sucht laufend neue Objekte, die er vermakeln kann und sucht adäquate Kaufinteressenten, die seine angebotenen Objekte kaufen. Der Baufinanzierer hingegen ist ständig auf der Suche nach Kunden, denen er das Thema Baufinanzierung näherbringen kann und diese auch vermittelt. Beide Berufe leben also zum größten Teil von dem Vermittlungserfolg.

Nur wie kann die Synergie zwischen Ihnen und dem Baufinanzierer funktionieren? Zum einen können Sie Kaufinteressenten an den Baufinanzierer weiterempfehlen, um die Finanzierung für bei Ihnen besichtigte Objekte prüfen zu lassen. So erreichen Sie möglicherweise eine schnellere Vermarktung Ihrer Objekte. Des Weiteren können Sie allgemeine Kaufinteressenten an den Baufinanzierer vermitteln, um das Finanzierungsvolumen und damit auch das Kaufpreisvolumen bestimmen zu lassen. So können Sie für Ihre Kaufinteressenten gezielt passende Objekte nach deren Budget suchen und anbieten.

Auf der anderen Seite kann der Baufinanzierer Finanzierungskunden an Sie weiterempfehlen, die sich entweder anfänglich ein zu großes Objekt gesucht haben, oder denen ein Objekt vor der Nase weggeschnappt wurde.

Sofern Sie in beide Richtungen mit einer jeweiligen Tippgeberprovision arbeiten, haben Sie die Chance, eine langfristige Synergie und damit nachhaltige Kooperation mit einer Win-Win-Win-Situation zu schaffen. Der Kaufinteressent bekommt den Immobilientraum erfüllt und Sie beide profitieren von den Vermittlungsprovisionen.

Fazit

Eine Kooperation mit Baufinanzierern bietet Ihnen Cross-Selling-Möglichkeiten!

2.8   Kooperationen mit Bauunternehmern

Bei der Zusammenarbeit mit einem Bauunternehmer, einem Bauträger benötigen Sie viel Fingerspitzengefühl und Ausdauer. In der Grundsätzlichkeit benötigen die meisten Bauträger in regelmäßigen Abständen frische Grundstücke zum Bebauen, sanierungsbedürftige Objekte und natürlich auch Käufer für ihre Projekte. So haben Sie je nach Vereinbarung die Chance, an der Suche von Grundstücken und Immobilien oder auch beim Abverkauf der erbauten oder sanierten Einheiten, zu profitieren. Wichtig dabei ist zu wissen, dass Bauträger anders ticken und handeln als der typische Immobilienkäufer. Während der normale Immobilienkäufer besichtigt, finanziert, kauft und einzieht, obliegen einem Bauträger Auflagen und Prüfungsanforderungen durch Behörden und finanzierenden Banken, bis es überhaupt zum Kauf von Grundstücken oder sanierungsbedürftigen Objekten kommen kann. So müssen durch den Bauträger meist vorab, beziehungsweise während des Kaufprozesses Bauvoranfragen gestellt, Baugenehmigungen eingeholt, Eintragungen im Baulastenverzeichnis, im Altlastenverzeichnis oder auch Eintragungen bei der Bergbaubehörde geprüft werden. Das führt dazu, dass hier nicht der bekannte Ablauf, Maklercourtage bei Abschluss des notariellen Kaufvertrages, eintritt. Ganz im Gegenteil werden in der Zusammenarbeit mit Bauträgern Rücktrittsrechte in die notariellen Kaufverträge eingearbeitet, damit der Bauträger einen Kaufvertrag rückabwickeln kann, sollte eine Bauvoranfrage oder Baugenehmigung seitens der Behörden versagt werden. Dies führt auf der anderen Seite dazu, dass Ihr Provisionsanspruch auch erst rechtskräftig wird, sobald die Rücktrittsrechte erloschen sind und der notarielle Kaufvertrag damit endgültig rechtskräftig wird.

Ähnliche Regelungen können in dem Abverkauf von Einheiten aus Neubauprojekten gelten. So kann es sein, wenn Sie mit innen liegenden Maklerprovisionen arbeiten, dass der Bauträger diese erst mit Abschluss des Objektes auskehrt. Eine andere mir bekannte Variante ist bei Vermittlung je einer Einheit der Erhalt von 50 % der Maklerprovision. Die

zweiten 50 % werden mit dem Abschluss des kompletten Objektes aus-
gekehrt.

> **Fazit**
>
> Mit einem seriösen Bauträger eine lohnende Kooperation, bei der Sie nach-
> haltige Einnahmen erzielen können!

2.9   Kooperationen mit Handwerkern

Handwerker sind die Zunft derer, die im Unterschied zu Ihnen häufiger
in Immobilien ein- und ausgehen. Handwerker gehören offenkundig zu
den Menschen, die direkt an der Front sind, dicht am Eigentümer einer
Immobilie. Somit erhalten Handwerker die Informationen über etwaige
Käufe und Verkäufe, Leerstand oder Vermietungsbedarf aus erster Hand
und das noch bevor diese Informationen in den Markt gelangen. Nun
werden einige von Ihnen denken: *Handwerker? Was will der Autor mir
denn jetzt sagen? Handwerker sind doch eher ein Mythos. Ich habe da mal
einen angefordert, der war bis heute nicht da.* Ich gebe zu, es gibt solche
und solche, gute, motivierte Handwerker und die anderen. Doch hören
Sie jetzt mal in sich hinein. Haben Sie diese Gedanken und Aussagen
nicht auch schon mal über die Berufsgruppe der Immobilienmakler gehört?

Kommen wir also zu den guten Handwerkern, ich meine die Profis
unter den Handwerkern, so wie Sie als Profi unter den Immobilienmaklern. Sie beide, so von Profi zu Profi, sollten Ihre Kompetenzen, Ihr
Wissen, Ihr Netzwerk zum gemeinsamen Austausch nutzen. Sie als Makler wissen, wer seine neu gekaufte Immobilie, seine zu vermietende Immobilie sanieren, modernisieren oder renovieren muss. Sie sitzen doch
schließlich direkt an der Quelle und sind somit in der Lage, einen guten
Handwerker als Profi an die Ihnen bekannten Immobilienkäufer und in
Ihrem Bestand bekannten Immobilieneigentümer zu empfehlen.

Auf der anderen Seite ist der Handwerker in der Lage, bei seinen ihm
bekannten Auftraggebern in Erfahrung zu bringen, wer in der kommenden Zeit seine Immobilie frisch vermieten oder verkaufen will. In der

Regel muss der Handwerker es nicht wirklich „in Erfahrung" bringen, sondern es ergibt sich meist aus den gemeinsamen Gesprächen zwischen dem Handwerker und dem Immobilieneigentümer.

Hier hilft es ungemein, den Handwerker an seinen Immobilienempfehlungen partizipieren zu lassen. Loben Sie als Empfehlungs-Benefit einen Teil der Maklerprovision aus. Welche Höhe Sie von Ihrer Maklercourtage als Tippgeberprovision abgeben wollen, liegt ganz in Ihrem Ermessen. Bedenken Sie immer: *Lieber die Hälfte vom Kuchen als hungrig nach Hause gehen zu müssen.* Einige von Ihnen werden jetzt wahrscheinlich sagen: „Was? Die Hälfte? So viel? Reichen da nicht auch nur maximal 50 %?" Ich sage Ihnen, es ist egal wie viel Sie abgeben. Wichtig ist, dass Sie überhaupt freiwillig etwas von Ihrem Kuchen abgeben. Das hebt auf beiden Seiten die Stimmung, sorgt für fröhliche Aha-Erlebnisse und führt zu einer langfristigen Verbindung.

> **Fazit**
> Handwerker sitzen näher an den Immobilienquellen als Sie denken!

2.10   Kooperationen mit Hausverwaltungen

Was ist das Spannende an einer Zusammenarbeit mit Hausverwaltungen? Wo liegt Ihr Nutzen und was ist der Nutzen einer Hausverwaltung, mit Ihnen zu kooperieren?

Ihr Nutzen liegt klar auf der Hand. Hausverwaltungen haben meist die Immobilien zur Verwaltung im Bestand, die Sie sich als Immobilienmakler zur Vermietung oder zum Verkauf wünschen. Eine normale Hausverwaltung hat meistens einen Bestand von mindestens 300 Einheiten. Nein, nicht das Sie jetzt schon feuchte Augen und Hände bekommen: Nicht 300 Immobilien, sondern 300 zu verwaltende Einheiten. Hierunter gehören auch Mehrfamilienhäuser mit mehr als sechs Wohnungen, also sechs Einheiten. Achtung, jetzt wird es hoch spannend! Einige dieser Mehrfamilienhäuser oder auch Reihenhausanlagen sind WEG-Verwaltungen. Eine WEG-Verwaltung, also eine Verwaltung nach dem Wohnungseigentumsgesetz (WEG), beinhaltet ein Objekt, welches in Teileigentum aufgeteilt ist und somit mehrere Eigentümer hat. So kann ein Mehrfamilienhaus mit sechs Wohnungen, um bei unserem zuvor genannten Beispiel zu bleiben, sechs verschiedenen Eigentümern gehören. Jedem der Eigentümer gehört beispielsweise eine einzelne Wohnung, auch Sondereigentum genannt, und allen Eigentümern gehören zusammen Zuwegung, Grundstück, Flur, Keller und Dachgeschoss, auch Gemeinschaftseigentum genannt.

Jetzt kommen wir zu Ihrem Vorteil, lieber Leser, lieber Immobilienmakler. Der Hausverwalter wird als Vertrauensperson der Eigentümergemeinschaft sehr häufig als erster Ansprechpartner genutzt, wenn jemand seine Wohnung verkaufen will. Sind Sie im Netzwerk des Hausverwalters der Immobilienprofi, besteht also eine recht hohe Chance, dass der Eigentümer auf Empfehlung des Hausverwalters bei Ihnen anruft, um Ihre Dienstleistung in Anspruch zu nehmen.

Ähnlich ist es bei der Vermietung. Es gibt Hausverwaltungen, die über ihre Verwalterverträge die Neuvermietung selber ausschließen und an externe Immobilienmakler ausgliedern. Eine etwaige Maklerprovision samt Höhe ist in der Regel über den Verwaltervertrag mit den Eigentümern vorab schriftlich vereinbart. Nun bleibt die abschließende Gretchenfrage: „Welcher Immobilienmakler macht das Rennen?". Sind Sie es oder ist es Ihr Mitbewerber von der Ecke, weil er die Geschäftsbeziehung zu Hausverwaltungen erfolgreicher pflegt?

Wie können Sie einen Hausverwalter füttern? Was ist der Speck, mit dem Sie die Hausverwaltermäuse fangen? Weil heute ein sonniger Tag ist, verrate ich es Ihnen. Sie können dafür Sorge tragen, dass sich der Verwaltungsbestand des Hausverwalters immer mal wieder durch Sie erhöht. Der eine oder andere Immobilieneigentümer verwaltet sein Objekt selbst. Und wissen Sie auch warum? Nein, es sind nicht die Verwalterkosten, es ist die mangelnde Professionalität von Verwaltern, denn auch unter den Hausverwaltungen gibt es die guten und leider auch die anderen. Haben Sie einen guten Hausverwalter im Ihrem Netzwerk, empfehlen Sie ihn weiter. Sie werden sehen, der Erfolg stellt sich ein. Es ist ein Geben und Nehmen. Und damit meine ich nicht: Der Hausverwalter gibt und Sie als

Immobilienmakler nehmen, sondern das gemeinschaftliche Zusammenspiel von beiden Seiten.

Fazit

Hausverwaltungen sitzen auf der Immobilienquelle, die Sie suchen!

Schlüsselfragen für Ihren Erfolg

- Welche Strategien der Kunden- und Objektakquise finde ich interessant?
- Welche Strategie will ich als nächste anwenden?
- Welche Strategie noch?
- Wann fange ich damit an?

3

Telefonmarketing

Zusammenfassung „Telefonieren können" scheint eine Kunst, die nur wenigen Immobilienmakler vorbehalten ist. So munkelt man. Doch seien Sie versichert, „Telefonieren können" ist eine Frage der richtigen Vorbereitung und des Trainings wie alles andere im Leben auch. Lernen Sie den Aufbau von Telefonaten kennen, verschaffen Sie sich einen Einblick in unterschiedliche Einwände und lernen Sie, auf diese einzugehen.

„Telefonieren können" scheint eine Kunst, die nur wenigen Immobilienmakler vorbehalten ist. So munkelt man. Doch seien Sie versichert, „Telefonieren können" ist eine Frage der richtigen Vorbereitung und des Trainings wie alles andere im Leben auch. Lernen Sie den Aufbau von Telefonaten kennen, verschaffen Sie sich einen Einblick in unterschiedliche Einwände und lernen Sie, auf diese einzugehen.

Gleich am Anfang möchte ich darauf hinweisen, dass auch das Anrufen von privaten Immobilienverkäufern aus Zeitungs- oder Internetanzeigen grundsätzlich nicht erlaubt ist. Man könnte derzeit allerdings vermuten, dass wir uns hier noch in einer leichten Grauzone befinden: Der Immobilienverkäufer veröffentlicht ja seine persönlichen Daten, um einen

Interessenten für seine Immobilie zu finden und erwartet schließlich auch Anrufe auf seine Anzeige. Sollten Sie also auch über entsprechende Kaufinteressenten verfügen und dem Immobilienverkäufer nicht noch Kosten für Ihre Dienstleistung aufdrücken wollen, dürfte Ihnen der private Immobilienverkäufer normalerweise nicht böse sein. Sollte es mittlerweile eine klare Rechtsprechung zu privaten Immobilienanzeigen und den damit verbundenen Makleranrufen geben, halten Sie sich bitte daran. Doch schauen wir uns nun den Aufbau des Telefonats genauer an.

3.1   Aufbau eines Telefonats

Grundsätzlich ist ein Akquisetelefonat immer gleich aufgebaut. Das bedeutet, dass sich immer die gleichen Bausteine an der gleichen Stelle befinden. Der Vorteil für Sie liegt klar auf der Hand: Richtiges Telefonieren ist also ein reines Trainieren, eine reine Fleißarbeit. Natürlich sagen Sie jetzt zu Recht, dass Sie vorab doch keine Ahnung haben, wie Ihr Telefonpartner reagieren wird. Und Sie haben recht. Allerdings haben Sie eine sehr gute Chance einen Termin zu bekommen, wenn Sie sich den Leitfaden als Leitfaden zunutze machen, um Ihren persönlichen Telefonablaufplan zu haben. Ihr persönlicher Telefonablaufplan wird dafür sorgen, dass Sie mit einem System, einem Konzept, einem roten Faden telefonieren und somit an Sicherheit im Gespräch gewinnen. Denn einmal offen unter uns, lieber Leser, im Gegensatz zu Ihrem Telefonpartner kennen Sie doch schon vor dem ersten „Tuuut" Ihr Gespräch, Sie kennen den groben Ablauf Ihrer Telefonate und Sie kennen Ihr Ziel: einen Termin!

Jetzt schauen wir gemeinsam einmal etwas genauer in die Struktur eines Telefonates und ich verspreche, Sie werden Parallelen zu den meisten anderen Telefonaten erkennen, die Sie jemals geführt haben und das ganz egal, ob privat oder beruflich.

Die meisten Telefonate gliedern sich in sieben Phasen. Diese Phasen lauten:

- Begrüßung
- Einleitung
- Kontaktmodul

* Einwand und Einwandbehandlung
* Zaubersatz
* Terminvereinbarung
* Verabschiedung

Sie sind noch skeptisch? Nehmen wir als Beispiel ein typisches Telefonat unter Freunden, Lebenspartner oder Ehepaaren.

Beispieltelefonat 1

* *Begrüßung:* Hallo Peter, hier ist Lara.
* *Einleitung:* Will mich kurz mit dir abstimmen.
* *Kontaktmodul:* Du Peter, morgen läuft doch dieser neue Film an, vom dem ich dir erzählt habe. Den möchte ich am Wochenende mit dir im Kino gucken.
* *Einwand:* Och Lara, das ist doch wieder so ein Liebesfilm.
* *Einwandbehandlung:* Peter, du hast recht. Der soll übrigens sehr gut sein und auch Männer sollen gut lachen können. Außerdem können wir danach noch in deine Lieblingskneipe gehen und ich zahl das Bier.
* *Zaubersatz:* Na, was hältst du davon? Ein Abend mit mir?
* *Terminvereinbarung:* Wollen wir uns dann gegen 17:00 Uhr bei dir oder um 18:30 Uhr am Kino treffen? Dann komme doch um 17:00 Uhr zu mir.
* *Verabschiedung:* Super, freue mich schon auf einen tollen Abend mit dir.

Und? Fällt Ihnen etwas auf? Kennen Sie solche oder ähnlichen Telefonate? Jedes Telefonat, in dem einer von dem anderen etwas möchte, nimmt diesen Weg der Gesprächsführung (s. Abb. 3.1).

Auf der nächsten Seite gucken wir uns diesen Telefonablaufplan noch einmal an. Dabei wandeln wir ihn diesmal in die Terminierungssprache eines Immobilienmaklers um. Wir konzentrieren uns dabei erst wieder einmal auf den wiederkehrenden Aufbau, damit Sie ein Gefühl für den Ablauf bekommen.

Mein Tipp

Trainieren Sie diesen Ablauf! Suchen Sie sich einen Telefonpartner, mit dem Sie das sichere Telefonieren üben!

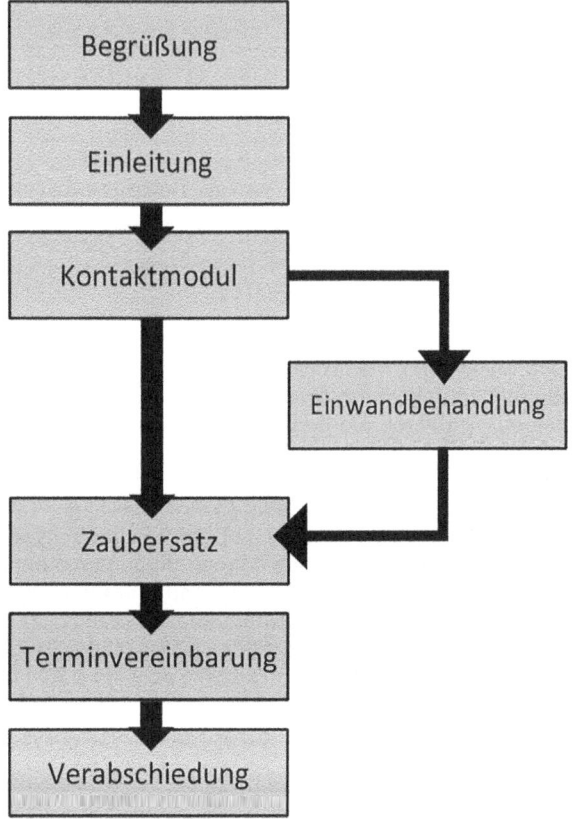

Abb. 3.1 Ablauf eines Telefonats

Kontaktmodul, Einwand und Einwandbehandlung lassen wir an dieser Stelle noch aus. Diesen drei Teilen habe ich aufgrund der Vielfalt eigene Abschnitte gewidmet, die Sie im weiteren Verlauf des Buches finden und kennenlernen werden. Teilnehmer des nun folgenden Telefonats sind der Immobilienmakler Reiner Zufall und der angerufene Immobilieneigentümer Herr Sensibel.

Beispieltelefonat 2

- *Begrüßung:* Hallo Herr Sensibel, mein Name ist Rainer Zufall von der Muster Makler Firma. Herr Sensibel, ich grüße Sie.
- *Einleitung:* Herr Sensibel, um Missverständnissen gleich vorzubeugen, Sie haben letztes Wochenende in der Musterstadt Zeitung ein Einfamilienhaus für 249.000 EUR inseriert, stimmt das?
- *Kontaktmodul:* (siehe Abschn. 3.2, da variabel nutzbar)
- *Einwände:* (siehe Abschn. 3.2, da variabel)
- *Einwandbehandlung:* (siehe Abschn. 3.2, da variabel)
- *Zaubersatz:* Dann schlage ich Ihnen Folgendes vor: Wir treffen uns die kommenden Tage einfach mal, gucken uns in die Augen und lernen uns persönlich kennen. Sie zeigen mir das Objekt und wir besprechen dann einfach alles Weitere bei Ihnen vor Ort. Ok?
- *Terminvereinbarung:* Nun kennen Sie Ihren Terminkalender ja besser als ich; wie passt es Ihnen denn in den kommenden Tagen am besten? Wann haben Sie denn da ein Zeitfenster von circa 30 bis 40 min? Und wo genau darf ich denn hinkommen?
- *Verabschiedung:* Dann machen wir das so. Ich habe mir jetzt den 04.07. um 13:00 Uhr aufgeschrieben. Dann sehen wir uns direkt bei Ihnen in der Mustergasse 13. Herr Sensibel, danke für das angenehme Telefonat. Freuen Sie sich schon am Freitag auf ein spannendes Gespräch.

Dieser Telefonablaufplan erhebt auf keinen Fall den Anspruch, der einzig wahre Weg zu sein. Es gibt zahlreiche Ansätze, die in der Vergangenheit auch funktioniert haben und auch in der Zukunft funktionieren werden.

Wozu ich Sie nur sensibilisieren möchte, ist die Erkenntnis, überhaupt ein System, überhaupt einen Ablaufplan zu haben. Auch müssen Sie in keiner Weise den Text dieses Telefonablaufplans Wort für Wort übernehmen. Finden Sie Ihre eigenen Worte, bei denen Sie sich wohlfühlen, bei denen Sie authentisch bleiben, denn der Angerufene merkt, ob Sie das meinen, was Sie sagen, oder ob Sie einen auswendig gelernten Text abspulen.

Module für Telefonate

Kontaktmodul I
„Frau/Herr Sensibel, ist das Haus/ist die Wohnung denn noch zu verkaufen/zu vermieten, oder ist es/sie schon weg? Würden Sie denn auch an unsere Kunden verkaufen/vermieten?"

Kontaktmodul II
„Frau/Herr Sensibel, in den letzten Wochen habe ich in Ihrem Umfeld ein Objekt in der Musterstraße 2 verkauft. Aus diesem Verkauf sind nun tatsächlich noch drei Interessenten übergeblieben. Bei der Recherche nach Objekten im Umfeld der Musterstraße 2 bin ich auf Ihre Immobilie gestoßen. Ist die denn noch zu haben? Und würden Sie diese denn auch an meine Kunden verkaufen?"

3.2 Einwände und Einwandbehandlungen

Hier nun folgend eine Auflistung der häufigsten Einwände, die Sie am Telefon hören könnten und die Art und Weise, wie Sie diese behandeln können, um dem Angerufenen die Angst und die Hemmschwelle zu nehmen, Sie persönlich kennenlernen zu wollen.

- **„Ich habe gerade keine Zeit."**
  „Gut, dass Sie das gleich so offen ansprechen, Frau/Herr …, dann ist es ja gut, dass wir beide telefonieren, denn um das Thema „Ihre Zeit" geht es nämlich. Dann fasse ich mich auch kurz …"
- **„Ich habe kein Interesse."**
  „Frau/Herr …, das kann ich gut verstehen, denn schließlich kennen Sie ja auch noch nicht den Nutzen oder Benefit, den wir Ihnen bieten können. Lassen Sie mich kurz eine Erfahrung der letzten Woche schildern, bei der es ähnlich war …" *(Nun bringen Sie ein Beispiel.)*
- **„Sind Sie Makler?"**
  „Danke, dass Sie gleich direkt fragen. Wir sehen uns eher als Immobiliendienstleister, da unsere Arbeit da weitergeht, wo andere Makler aufhören." *(Nun nennen Sie einige Beispiele aus Ihrer Arbeit.)*
- **„Was sollten Sie denn besser machen als ich?"**
  „Danke für die Frage, da wäre ich auch gleich draufgekommen, denn das ist tatsächlich wichtig: Warum sollten Sie schließlich mit uns

arbeiten, wenn Sie keinen Vorteil, keinen Benefit daraus hätten. Lassen Sie mich Ihnen kurz nur ein paar Auszüge unserer Dienstleistung nennen …" *(Jetzt nennen Sie Beispiele.)*

- **„Ich will keinen Makler!"**
„Das ist ein offenes Wort. Haben Sie denn schon Erfahrungen mit Maklern gemacht? Wie waren die denn?" Bei „gut": *Verwenden Sie den Zaubersatz.* Bei „schlecht" *(Stimme senken):* „Frau/Herr …, jetzt bin ich ein klein wenig entsetzt und kann das überhaupt nicht verstehen, da der Makler an sich für Neutralität und Unabhängigkeit bekannt ist und ja Menschen mit gemeinsamen Interessen zusammenbringen soll. Dann müssen Sie leider einer unter wenigen sein, der da mal an ein schwarzes Schaf geraten ist; das finde ich persönlich etwas schade. Wenn das so ist, dann machen wir das jetzt mal ganz anders, denn etwas anderes hat ja in Ihrem Fall auch überhaupt keinen Sinn. Dann schlage ich Ihnen vor, wir beide lernen uns erst einmal völlig unverbindlich kennen, wir tauschen uns aus, Sie lernen unsere Arbeit kennen und Sie entscheiden dann für sich, ob Sie einen Nutzen in einer Zusammenarbeit sehen und ob es dann für Sie überhaupt in Frage kommt. Was anderes hat dann auch wirklich keinen Sinn? Was meinen Sie?"

- **„Ich habe schon einen Makler."**
„Schön, dass Sie es gleich so offen sagen, wie sind Sie denn derzeit zufrieden? Sind Sie mit den Aktivitäten zufrieden? Wo ist Ihre Immobilie durch Ihren Makler denn präsentiert? Wenn ich Ihnen darüber hinaus noch weitere Vorteile verschaffen könnten, wären Sie mir dann böse?"

- **„Ich will keinen Vertrag." – „Ich unterschreibe aber nichts!"**
„Gut, dass Sie es gleich ansprechen, grundsätzlich ist auch das möglich; spannend ist tatsächlich, dass viele unserer Mandanten anfänglich auch so gedacht haben, dann aber für sich den Vorteil entdeckt haben, dass ihre Ansprüche an uns auch von uns schriftlich zugesichert werden. Wobei, wir sollten jetzt nicht schon den zweiten Schritt vor dem ersten machen, deshalb schlage ich Ihnen vor …"

- **„Sie sind schon der fünfte Makler, der anruft."**
„Gut, dass Sie das gleich sagen, Frau/Herr …, dann fasse ich mich kurz …"

- **„Dann müssen die Käufer ja mehr bezahlen."**
  „Danke Frau/Herr …, da bringen Sie das Thema ‚Courtage' ja gleich auf den Punkt. Die Erfahrung hat gezeigt, dass unsere Käufer die Courtage sogar gerne bezahlen, denn schließlich bringt unsere Arbeit beiden Seiten, also dem Käufer und Ihnen, erhebliche Vorteile und besonders eine Zeitersparnis …" *(Jetzt Beispiele anfügen.)*
- **„Dann muss ich Sie ja bezahlen."**
  „Danke Frau/Herr …, da bringen Sie das Thema ‚Entlohnung' ja gleich auf den Punkt. Die Erfahrung seit der Einführung des Bestellerprinzips hat gezeigt, dass unsere Partner die Dienstleistung, die wir erbringen, sehr gerne entlohnen, da diese festgestellt haben, dass unsere Arbeit mittlerweile weit über die des Durchschnittsmaklers hinausgeht." *(Nun Beispiele anfügen.)*
- **„Ich habe genug Interessenten."**
  „Gut, das Sie das sofort ansprechen, das ist doch mal ein offenes Wort. Wie weit sind Sie denn mit den Interessenten, ist da denn schon einer dabei, der sich für das Objekt entschieden hat, oder sind Sie mit denen noch in der ersten Runde?"

Schlüsselfragen für Ihren Erfolg

- Welche Einwände höre ich am häufigsten?
- Schaffe ich es, die bislang gehörten Einwände zu entkräften, und bekomme ich im Anschluss den Termin?

4

Aufnahme einer Immobilie

Zusammenfassung Emotional und doch sehr rational erscheint die Immobilienaufnahme. Hier ist vom Immobilienmakler gewissermaßen ein Spagat gefordert. Lernen Sie den Werkzeugkasten des Maklers kennen und erfahren Sie, welche Objektunterlagen für eine professionelle Vermarktung tatsächlich benötigt werden.

Emotional und doch sehr rational erscheint die Immobilienaufnahme. Hier ist vom Immobilienmakler gewissermaßen ein Spagat gefordert. Lernen Sie den Werkzeugkasten des Maklers kennen und erfahren Sie, welche Objektunterlagen für eine professionelle Vermarktung tatsächlich benötigt werden.

4.1 Der „Werkzeugkasten" des Immobilienmaklers

Ich gebe zu, mit dem Begriff „Werkzeugkasten" provoziere ich vielleicht ein klein wenig, doch wenn wir uns gemeinsam einen Hausarzt vorstellen, dann denken wir an einen Arzt, der uns mit seiner braunledernen

© Der/die Autor(en), exklusiv lizenziert durch Springer Fachmedien Wiesbaden GmbH, ein Teil von Springer Nature 2021
O.-D. Helfrich, *Erfolgsstrategien für Immobilienmakler*,
https://doi.org/10.1007/978-3-658-35683-5_4

Tasche zu Hause besuchen kommt. Macht er sie auf, finden wir neben Stethoskop, Reflexhammer und Fieberthermometer natürlich auch Spritzen, Medikamente, Pflaster, Mullbinden und sogar diese eklig schmeckenden hölzernen Zungenspatel. Denken wir an einen Klempner hingegen, erinnern wir uns alle an diese blauen Metallwerkzeugkisten, in denen sich Wasserpumpenzange, Maul- und Ringschlüssel, Zangen, Dichtungsringe, Kupferrohrstücke und sogar Muffen befinden.

Jetzt denken wir gemeinsam einmal an einen Immobilienmakler, an was erinnern wir uns dann? Den meisten fallen jetzt bestimmt Kugelschreiber, Schreibblock und Visitenkarte ein. Ein richtig guter Makler hat auch noch sein Smartphone dabei, um schnell ein paar Bilder zu schießen. Ist es so? Sind das Ihre ersten Gedanken? So kenne ich die meisten Immobilienmakler. Und ich halte diese Immobilienmakler für 08/15, für maximal durchschnittlich.

Ein echter Profi hat meiner Ansicht nach neben zuvor genannter Ausstattung noch ein paar weitere „Werkzeuge" und „Materialen" dabei – zumindest versteckt er sie griffbereit in seiner Tasche oder in seinem Auto.

Profis sind darauf vorbereitet, dass sie möglicherweise im Erstgespräch eine Objektbegehung angeboten bekommen. Somit lohnt es sich immer ein Baufeuchtemessgerät, einen Distanzmesser, eine gute Spiegelreflexkamera und einen Satz Einwegüberschuhe dabei zu haben.

Letzteres führt bei Verkäufern und Vermietern sowie bei Besichtigungen auch bei den Interessenten zu überraschten und doch begeisterten Gesichtern. Einmal Hand aufs Herz, wer von Ihnen mag es, wenn bei schlechtem Wetter, irgendwelche fremden Personen mit dreckigen Schuhen durch Ihre Wohnung latschen, Dreck durch Ihr Haus trampeln? Mir fällt spontan niemand ein, der sich das mit einem Lächeln auf den Lippen gefallen lässt. So viel zum Thema Einwegüberschuhe!

Kommen wir zurück zu unserem „Werkzeugkasten". Das Baufeuchtemessgerät hilft Ihnen auf schnelle Art und Weise Baufeuchtigkeitsschäden zu erkennen. Gerade aufgrund der Maklerhaftung ist es sinnvoll, Objekte, die Sie in den Vermarktungsbestand bekommen, zu überprüfen. Nun gebe ich Ihnen recht, wenn jetzt der Einwand der Oberflächenmessung aus dem Hut gezaubert wird. Stimmt, eine genaue Baufeuchtigkeitsmessung erfolgt in der Wand und nicht auf der Wand. Doch sind Sie möglicherweise kein Bauingenieur und kein Bausachverständiger, deshalb eignet sich trotzdem ein gefährliches Halbwissen, um etwaige Bauschäden erahnen zu können. Die explizite, abschließende Prüfung überlassen Sie dann einem Bauingenieur, einem Bausachverständigen oder sogar einem Gutachter.

Ein erneuter Blick in unseren Werkzeugkasten lässt uns einen Distanzmesser finden; für das kleine Portemonnaie tut es auch ein umgangssprachlicher „Zollstock". Mal angenommen, der Immobilienverkäufer/Immobilienvermieter hat keine Grundrisse parat, den Weg ins Bauamt zur Einsichtnahme in die Bauakte wollen Sie sich vorerst ersparen, so besteht doch immer noch die gute alte Möglichkeit, selber Hand anzulegen und das Objekt zu vermessen. Klar, Sie sind kein Bauingenieur oder Architekt, doch eine grobe Messung nimmt Ihnen keiner übel. Ganz im Gegenteil, viele Eigentümer und auch Interessenten sind dankbar für einen Makler, der sich diese Arbeit macht, um eine Wohnflächenberechnung oder neue Grundrisse zu erstellen. Meist hagelt es Lob und Anerkennung für diese Mehrarbeit.

Nun bleibt uns abschließend nur noch das Augenmerk auf eine gute Spiegelreflexkamera. Sie als Makler präsentieren das Objekt. Denken Sie immer daran, das Auge kauft mit. Um Ihnen diesen Satz zu verdeutlichen, möchte ich in Ihrem Kopf ein paar Urlaubsbilder hervorkramen. Sie kennen diese typischen Badeurlaube im Süden Europas, wobei es an dieser Stelle wohl völlig egal ist, welches Touristengebiet in welchem Land Sie wählen. Sie kennen diese typischen Promenaden, an denen sich ein Restaurant an das nächste reiht. Und bei jedem stehen diese typischen Kundenstopper, auf denen die angebotenen Speisen auf Fotos gezeigt werden. Und jetzt ganz ehrlich: Fanden Sie diese Speisen auf den Bildern jemals appetitlich oder ist Ihnen der Appetit schon beim Angucken vergangen? Eher geht die Tendenz doch zur zweiten Variante.

Das, was Ihnen da im Urlaub durch den Kopf geht, passiert tagtäglich bei vielen Kauf- und Mietinteressenten, die sich Bilder in Online-Exposés angucken. Lieblos gemachte Immobilienfotos, wahllos mal schnell mit der Handykamera geschossen, tummeln sich im Internet und versuchen Menschen für Häuser und Wohnungen zu begeistern. Zu dem Thema Inszenierung und Präsentation können Sie sich im Abschn. 5.5 *Home Staging* weitere Anregungen holen.

Als abschließenden Tipp: Vermeiden Sie Bilder mit offenen Toilettendeckeln, Putzlappen und Staubsaugern, Bergen von Dreckwäsche, Wäscheständern mit der Unterwäsche der Bewohner sowie mit dreckigem Geschirr vollgestellten Küchen oder Spülbecken. Und bitte unterlassen Sie auch Bilder mit ungemachten Betten. Alle diese Bilder wirken zwar wohnlich und menschlich, doch sie erzeugen auch Gefühle von Unordnung und Ekel.

Fazit

Jeder gute Handwerker hat einen Werkzeugkasten!

Schlüsselfragen für Ihren Erfolg

- Was habe ich schon in meinem Immobilienmakler-Werkzeugkasten?
- Was möchte ich unbedingt noch ergänzen?

4.2   Inhalte der Gesprächsführung

Meiner persönlichen Meinung und langjährigen Erfahrung nach, gibt es keine zweite Chance für einen ersten Eindruck und schon gar nicht für ein erstes Gespräch. Sie stehen also vor der Tür des Eigentümers, von dem Sie heute einen Auftrag erhalten wollen. Sie schellen an der Klingel, die Tür öffnet sich, ein Paar Augen gucken Sie an und mustern Sie in Bruchteilen von Sekunden. Erster Eindruck – „Mein neuer Geschäftspartner" oder ein „Windhund".

Für den ersten Eindruck kann ich Ihnen nur das alte Sprichwort von Johann Wolfgang von Goethe: „Wie du kommst gegangen, so wirst du auch empfangen!" ans Herz legen. Fragen Sie sich immer: „Würde ich mir mein Objekt selber zur Vermarktung anvertrauen?" „Würde ich mir mein Vermögen selber zum Aufpassen anvertrauen?" Zwei Beispiele sollen Ihnen das Ganze extrem verdeutlichen. Wir reden von wahren zwei Situationen, die ich erleben durfte, wobei „durfte" nicht unbedingt das Wort der Wahl ist.

Hochsommer, Immobilienmakler und Prokurist, Mitte 20, einer Immobilien Makler GmbH & Co. KG, hat ein Treffen mit einem Unternehmer, der eine Gewerbeimmobilie für 1,5 Mio. EUR verkaufen will. Der Immobilienmakler tritt allen Ernstes im Poloshirt, kurzer Hose und Flip-Flops auf.

Immobilienmesse: Eine Immobilienmaklerin, Mitte 40, im Gespräch mit dem Aussteller eines großen Bauträgers. Er, als Aussteller, im Anzug mit weißem Hemd und passender Krawatte. Sie hingegen trägt unter ihrem Jackett ein weißes T-Shirt mit dem Playboy-Logo.

Also, bitte, bitte, mit Sahne und roter Kirsche oben drauf, überlegen Sie sich zweimal, wie Sie zu einem geschäftlichen Termin das Haus verlassen.

Zurück zu unserem Treffen mit dem Eigentümer, den Sie für sich gewinnen wollen. Der erste Eindruck ist gelungen, Sie haben die Chance auf das Kennenlerngespräch. Hierbei gibt es nur einen wichtigen Aspekt zu beachten: „SVNPP". Nun fragen Sie sich zu Recht: Was hat er denn nun schon wieder? SVNPP bedeutet nichts anderes als: *Sympathie*, vor *Vertrauen* vor *Nutzen* vor *Produkt* vor *Preis*. Der Auftrag der Vermarktung des Objektes ist zwar das große Ziel des Tages, doch in erster Linie ist Ihre Hauptaufgabe im ersten Gespräch den Eigentümer, Ihren künftigen Auftraggeber, von Ihrer Person zu überzeugen. Ohne, dass sich der Eigentümer sich bei Ihnen wohlfühlt, ohne dass der Eigentümer das Gefühl hat, sein Objekt bei Ihnen in guten Händen zu wissen, wird er sich nicht für Ihre Leistungen und Ihr Angebot interessieren.

Schaffen Sie also eine Vertrauensbasis, schaffen Sie es, dass der Eigentümer davon überzeugt ist, Sie als richtigen Partner auswählen zu können. Wie das machbar ist, fragen Sie sich? Die Antwort liegt klar auf der Hand. Wenn Sie in sich hinein hören, kennen Sie sogar die Antwort. Vertrauen entsteht auf der Ebene der zwischenmenschlichen Beziehung, somit ist Ihr erstes Ziel, den Menschen, also den Eigentümer, für sich zu gewinnen. Der Mensch steht im Mittelpunkt und nicht das Objekt. Vertrauen erreichen Sie zum Großteil durch Sympathie. Die Basis der Sympathie wird im Unterbewusstsein erzeugt. Ihr Gegenüber scannt Sie von oben nach unten, scannt Ihr Auftreten, Ihre Gestik und Mimik, Ihre Sprache und alles, was Sie sagen. Ihr Gegenüber fragt sich während der ganzen Zeit: Haben wir Gemeinsamkeiten? Redet die/der so wie ich? Denkt die/der so wie ich?

Nutzen Sie also die ersten Minuten um Gemeinsamkeiten zu schaffen. Achten Sie dabei unbedingt auf Tonfall, Lautstärke und Sprechtempo, sowie die Körperhaltung Ihres Gegenübers. Haben Sie jemanden vor sich, der etwas schneller spricht, sprechen auch Sie etwas schneller. Redet Ihr Gegenüber etwas langsamer und leiser, drosseln auch Sie Ihr Sprechtempo und senken etwas die Stimme. Ähnliches gilt für die Körperhaltung. Sitzt Ihr Gesprächspartner etwas entspannter, brauchen Sie nicht gerade wie eine Kerze mit Stock im Allerwertesten zu sitzen. Auf der anderen Seite vermeiden Sie bitte ein Hinfläzen. Bleiben Sie bei allem was Sie tun authentisch. Keiner mag es, wenn er nachgeäfft wird.

Neben den Gemeinsamkeiten, die ein Mensch bei einem anderen sucht, um Sympathie zu empfinden, strebt jeder Mensch nach Lob und Anerkennung und dem Bedürfnis, dass sich andere für ihn interessieren.

Somit ist es an Ihnen, im ersten Gespräch möglichst viel über Ihr Gegenüber herauszufinden. Lernen Sie Ihr Gegenüber kennen. Erfahren Sie, warum Ihr Neukunde sein Objekt verkaufen will. Erfragen Sie, ob es noch Restschulden gibt, die von dem Verkauf bezahlt werden müssen. Finden Sie heraus, wie viele Emotionen seitens des Verkäufers in der Immobilie stecken. Versuchen Sie in Erfahrung zu bringen, ob es ein Druckverkauf ist, oder ob der Verkäufer entspannt an die Sache herangeht. Je mehr Sie im Erstgespräch an Informationen sammeln, desto besser können Sie helfen.

Haben Sie als Neukunden einen Vermieter, finden Sie heraus, ob er auf die Mieteinnahmen angewiesen ist. Gibt es noch Verbindlichkeiten auf dem Vermietobjekt? Welche Erfahrungen hat Ihr Neu-Vermieter schon mit Mietern, schon mit Immobilienmaklern? Welche Mietklientel wünscht Ihr Gegenüber sich und warum?

Unterstreichen Sie Ihr Gespräch am besten mit ein klein wenig Fachwissen, kurzen Erfahrungsberichten und gegebenenfalls Referenzinformationen. So bauen Sie nach und nach die Grundlage für Vertrauen auf.

Nutzen Sie das erste ausführliche Gespräch, um mit Ihrem Neu-Verkäufer, Ihrem Neu-Vermieter warm zu werden, denn nur so wird er sich für Sie öffnen und aus dem Nähkästchen plaudern. Zeigen Sie Ihrem

Gegenüber, dass die Vermarktung der Immobilie nur das Mittel zum Zweck ist. Was der Zweck ist, fragen Sie sich? Der Zweck ist es, die Wünsche Ihres Gegenübers zu erfüllen. Schaffen Sie es, einen glücklichen Verkäufer, einen glücklichen Vermieter zu haben, so verdienen Sie im Umkehrschluss sogar Geld. Sie haben also als Immobilienmakler schon sinnbildlich gesprochen einen „sozialen Auftrag".

Fazit

Interessieren Sie sich für Ihren Kunden, interessiert sich Ihr Kunde für Sie. Interessieren Sie sich nicht für Ihren Kunden, interessiert sich bald ein anderer für Ihren Kunden und der macht das Geschäft für Sie!

4.3   Der Maklervertrag

Wenn man den Begriff „Maklervertrag " anspricht, werden meist aus der Mottenkiste die guten alten Sprüche hervorgeholt wie: „Vertrag kommt von vertragen!" oder „Wer schreibt, der bleibt!". Und recht haben diese Sprüche. Die hanseatische Verlässlichkeit, dass ein Handschlag genügt, um einen Vertrag zu besiegeln, mag bei einigen ehrbaren Kaufleuten noch funktionieren, doch ist diese Verlässlichkeit nicht in den Köpfen aller verankert. Deshalb sollten Sie darauf achten, dass besprochene Dinge schriftlich fixiert und von beiden Parteien gegengezeichnet werden. Ob Sie *Vertrag* drüberschreiben, *Vereinbarung* oder *Erlaubnis* lasse ich in jedermanns Ermessen. Doch halte ich es mittlerweile für unerlässlich, die wichtigsten Fakten zu notieren, um Streitigkeiten im Nachgang zu vermeiden. Und an dieser Stelle möchte ich auf jeden Fall für den Immobilienmaklerberuf einmal eine Lanze brechen. Dieser Beruf ist tatsächlich im Vergleich zu der Vergangenheit etwas schwerer geworden. Kommt es zu Streitfällen ist der Makler meist der Dumme, denn gefühlt liegt der Beruf des Immobilienmaklers in Deutschland noch hinter dem des Gebrauchtwagenhändlers und dem des Staubsaugervertreters.

Nun gibt es mittlerweile auch schon genug Immobilieneigentümer, die Sie mit den Worten: „Ich will keinen Vertrag!", begrüßen. Es liegt tatsächlich an Ihrer Persönlichkeit, inwieweit Sie in den ersten Gesprächen bei diesem Eigentümer kommen, ob Sie es schaffen, dass Sie beide doch einen gemeinsamen Maklervertrag schließen.

Ich gebe zu, es gibt unter den Immobilieneigentümern etwas hartnäckigere Kaliber, bei denen sich die Nackenhaare aufstellen, wenn Sie als Immobilienmakler, als Vermarktungsprofi das Thema „Vertrag" wieder ansprechen. An dieser Stelle plaudere ich mal aus dem Nähkästchen, wie Sie den Weg zum Vertrag auf angenehme Weise nehmen. In Kap. 11 finden Sie das Musterdokument „Vermarktungserlaubnis". Mit diesem Dokument erlaubt Ihnen der Immobilieneigentümer, dass Sie, als Immobilienmakler, Fotos von dem Vermarktungsobjekt machen dürfen, Sie das Objekt am Markt bewerben können und dass Sie in Absprache mit dem Eigentümer Besichtigungen durchführen dürfen. Zusätzlich lässt sich in der Vermarktungserlaubnis das Thema Maklerprovision regeln. Mit diesem Dokument holen Sie sich eine „Erlaubnis" von dem Immobilieneigentümer ab. Sie merken schon beim Lesen, was im Unterbewusstsein des Eigentümers vorgeht. *„Okay, kein Vertrag und ich darf dem Makler erlauben, was er darf und was nicht. Ich bin und bleibe Chef!"*

Ich weiß, Sie werden es wahrscheinlich schon gemerkt haben, denn auch über eine einfache Erlaubnis schaffen Sie es, mit einem Maklervertrag nach Hause zu gehen. Einmal Hand aufs Herz, was beinhaltet ein einfacher Maklervertrag? Genau richtig: Ein im Vertrag genanntes Objekt darf von Ihnen vermarktet werden und irgendeine Partei darf Ihnen im Erfolgsfall eine Maklercourtage als Vermittlungsprovision bezahlen. Der Rest drum herum ist doch nur juristisches Geplänkel. Bei dem einfachen Maklervertrag darf der Immobilieneigentümer weiterhin selbst vermarkten und er darf sogar andere Makler hinzuziehen ohne dass es Ihrer Kenntnis bedarf.

Der Pfiffige unter Ihnen regelt auf diesem Formular nun noch handschriftlich, dass der Immobilieneigentümer keine weiteren Makler einschaltet, und dass die Vermarktungserlaubnis für eine bestimme Anzahl von Monaten gilt. Und schon sind Sie von dem einfachen Maklerauftrag bei einem Makleralleinauftrag.

Den qualifizierten Maklervertrag erreichen Sie mit dem handschriftlichen Zusatz: *Der Immobilieneigentümer verzichtet auf die eigene Vermarktung und schaltet auch keine anderen Makler ein.*

So haben Sie die Chance, alle drei Maklervertragsvarianten: einfacher Maklervertrag, Makleralleinauftrag und qualifizierter Makleralleinauftrag, über ein Blatt Papier zu regeln, in dem das Wort Vertrag nicht einmal auftaucht.

Diese Variante können Sie in schwierigen Fällen einsetzen, damit überhaupt etwas geregelt wird.

In allen anderen Fällen greifen Sie ruhig zu den alt bewährten Verträgen, die sich in Ihrem Portfolio befinden. Kommt es tatsächlich zu kleinen Streitereien im Nachgang, sind die Verträge aus dem Vorfeld schon sehr sinnvoll. Um Ihren Kunden einmal die Angst vor einem Vertrag zu nehmen, weisen Sie doch wie folgt auf die Kundenvorteile eines gemeinsamen Vertrages hin. Die Vorteile für den Immobilieneigentümer liegen schließlich klar auf der Hand:

Beispiel

„Herr Kunde, mit einem Vertrag verpflichten Sie mich als Makler, für Sie und Ihre Immobilie eine optimale Vermarktung durchzuführen und alle Chancen des Marktes für einen Vermittlungserfolg zu nutzen, denn ganz ehrlich, sehr häufig liegen bei Maklerkollegen doch Objekte einfach nur in den Akten. Eine Vermarktung, gerade in den großen Immobilienportalen oder in der Zeitung, kostet nämlich richtig viel Geld. So haben Sie und ich die Gewissheit, dass wir beide das gleiche Ziel verfolgen. Sie, dass ich mich voll ins Zeug lege und ich, dass ich meine Arbeit nicht umsonst mache."

Oder:

„Herr Kunde, mit einem Auftrag halten Sie als Immobilieneigentümer gegen meine Arbeitsweise konkret etwas in der Hand. So können Sie im schlimmsten Fall sogar rechtlich gegen mich einschreiten, wenn ich nicht zu Ihrer Zufriedenheit arbeite und Sie das Gefühl haben, ich würde mit meiner Vermarktung Ihre Immobilie am Markt eher kaputt machen oder sie verramschen. Wird von meiner Seite eher unwahrscheinlich sein, doch können Sie dadurch bestimmt ruhiger schlafen."

Diese beiden vorstehenden Texte als Anregung für Sie, wie Sie Ihren Immobilieneigentümern das Abschließen eines gemeinsamen Maklervertrags schmackhaft machen können.

Zudem gilt seit Dezember 2020 die neue Gesetzgebung im Maklerrecht. Die §§ 656a bis 656d BGB wurden neu eingeführt. Sie regeln die Vermittlung der Kaufverträge von Einfamilienhäusern und Wohnungen.

Hierbei liegt das Augenmerk auf der Vertragsgestaltung der Provisions-regelung, wenn der Käufer ein Verbraucher ist. Doch beginnen wir vorne.

Nach § 656a BGB bedarf der Maklervertrag immer der Textform, sofern es sich um die Vermittlung eines Kaufvertrags von Einfamilien-häusern und Wohnungen handelt. Hierbei ist nun völlig irrelevant, ob der Käufer Verbraucher oder ein Unternehmen ist. Also:

> **Neu und wichtig:**
>
> Verkauf eines Einfamilienhauses oder einer Wohnung immer mit einem schriftlichen Maklervertrag. Keine Ausnahme!

Nun geht es über in die neuen Provisionsregelungen, die in den §§ 656c und 656d BGB geregelt sind. Die Hürde ist der § 656b BGB, der aussagt, dass die folgenden §§ 656c und 656d BGB nur gelten, wenn der Käufer ein Verbraucher ist. Somit gelten diese Paragrafen nicht, wenn der Käufer ein Unternehmen ist. Doch wie kann ich jetzt grundsätzlich nach der neuen Regelung meine Provision vereinbaren?

Nach § 656c darf ich, sofern ich mit beiden Parteien einen Makler-lohn vereinbare, jede Partei nur in gleicher Höhe belasten. Also eine klare 50:50-Verteilung. Möchte ich hingegen einer Partei einen Nachlass geben, muss ich zwingend der anderen Partei denselben Nachlass ge-währen. Sollte ich allerdings nur mit einer Partei einen Maklervertrag schließen, so greift automatisch § 656d BGB, der besagt, dass ich den Nicht-Vertragsschließenden nur in der Höhe belasten darf, die der Ver-tragschließende ebenfalls als Minimum übernimmt. Somit muss der Ver-tragsschließende mindestens 50 % der anfallenden Maklercourtage tra-gen, darf allerdings natürlich auch gerne die kompletten 100 % der Maklercourtage übernehmen. Ob Sie also mit geteilter Courtage arbeiten oder eine komplette Innenprovision durchsetzen, bleibt Ihnen natürlich freigestellt.

> **Fazit**
>
> Der schriftliche Maklervertrag ist auch ein ganz klarer Vorteil für den Eigen-tümer und bei der Vermittlung von Kaufverträgen über Einfamilienhäuser sowie Wohnungen auch gesetzlich vorgeschrieben (§ 656a BGB).

4.4   Wichtige Unterlagen

An dieser Stelle fasse ich für Sie einfach mal die Unterlagen zusammen, die es von dem Verkäufer und dem Vermieter einer Immobilie einzusammeln gilt, damit Sie als Profi optimal in die nächsten Gespräche, die Exposéerstellung und in die Vermarktung der Immobilie gehen können. Zudem können diese Unterlagen gerade bei Verkaufsobjekten eine Finanzierungsprüfung für Kaufinteressenten beschleunigen.

4.4.1   Grundbuch

So halte ich es bei Verkaufsobjekten für unumgänglich, einen *Grundbuchauszug* des Objektes zu erhalten. Meiner Ansicht nach ist der Grundbuchauszug die Bibel einer Immobilie. Hierin finden Sie die wichtigsten Informationen, die Sie für Ihre Arbeit benötigen. Weiterhin genießt das Grundbuch gem. § 892 BGB (Bürgerliches Gesetzbuch) öffentlichen Glauben. Kurzum: Das, was im Grundbuch steht, ist richtig!

So befinden sich im Grundbuch neben den genauen Grundstücksdaten bestehend aus Gemarkung, Flur und Flurstück, sowie Größe des Grundstücks, auch die Eigentumsverhältnisse, Lasten und Beschränkungen und die Grundpfandrechte.

Die Eigentumsverhältnisse geben Ihnen Aufschluss über den oder die tatsächlichen Eigentümer des zu verkaufenden Objektes. Es soll schon das eine oder andere Mal vorgekommen sein, dass ein Eigentümer den Verkauf seiner Immobilien angeschoben hat und plötzlich kurz vor Kaufvertragsabschluss stellt sich heraus, dass es einen zweiten Eigentümer gibt, der dem Verkauf beim Notar zustimmen muss. Und jetzt kommt der Clou: Der zweite Eigentümer will überhaupt nicht verkaufen oder ist mit dem verhandelten Verkaufspreis nicht einverstanden. Was passiert? Ihr Notartermin platzt!

Im Bereich der Lasten und Beschränkungen stoßen Sie in einem Grundbuch auf Dinge wie Erbbaurechte, Nießbrauch, Grunddienstbarkeiten und beschränkte persönliche Dienstbarkeiten. Das Nießbrauchrecht ist nach § 1030 BGB das unvererbliche und auch unveräußerliche Recht, Nutzen aus einer Sache zu ziehen. So kann ein Eigentümer sein

Grundstück oder seine Immobilie schon zu Lebzeiten an einen Dritten übertragen, behält sich aber zum Beispiel das Recht vor, das Objekt und das Grundstück weiter zu nutzen oder zum Beispiel bei vermieteten Immobilien die Mietzahlungen bis zu seinem Tode zu erhalten. Erst nach dem Tod gehen neben der schon übertragenen Immobilie auch Nutzung und zum Beispiel die Mietzahlungen an den Dritten über.

Die Grunddienstbarkeiten sind im § 1018 des BGB geregelt. Die Grunddienstbarkeit beinhaltet die Möglichkeit, dass ein Dritter ein Grundstück in einer geregelten Art und Weise belasten darf, ohne dass es ihm verwehrt werden kann. Puhh, welches Beamtendeutsch. Also nun etwas einfacher: Das beste anzuführende Beispiel ist das Wegerecht. Wir haben zwei hintereinander liegende Grundstücke (s. Abb. 4.1). Nur das vordere hat einen Zugang zur Straße, das hintere nicht. Wie kommt nun also der Eigentümer des hinteren Grundstücks von der Straße aus auf sein Grundstück? Er bekommt ein Wegerecht über das vordere Grundstück im Grundbuch eingetragen. Hier also die Grunddienstbarkeit. Der Dritte *(hier: Eigentümer des hinteren Grundstücks/herrschendes Grundstück)* darf ein Grundstück in einer geregelten Art und Weise belasten *(hier: darf das vordere Grundstück/dienende Grundstück überqueren)*, ohne dass es ihm verwehrt werden darf. Gleiches gilt zum Beispiel auch für Leitungsrechte, Stromkästen, Telekommunikationskasten und Weiteres.

bekannteste beschränkte persönliche Dienstbarkeit ist das lebenslange Wohnrecht. Bei einem lebenslangen Wohnrecht wird einer Person das lebenslange Recht eingeräumt, in der Immobilie zu wohnen. Verstirbt die Person, ist dieses Recht erloschen.

Bei einem Erbbaurecht sprechen wir von einer Art Vermietung des Grundstücks von einem Grundstückseigentümer an den Immobilieneigentümer.

In Deutschland ist es grundsätzlich so, dass Eigentümer größeren Grundbesitzes das Erbbaurecht nutzen, um Grundstücke bebaubar zu machen, ohne dass sie das Grundstück selbst verkaufen müssen.

Als das Erbbaurecht eingeführt wurde, war der damalige Grundgedanke, den Wohnungsbau der Bevölkerung zu fördern, indem zum einen die sozial schwächeren Bevölkerungsschichten die Möglichkeit zum Bauen bekamen, und zum anderen die Bodenspekulationen in Deutschland bekämpft werden sollten.

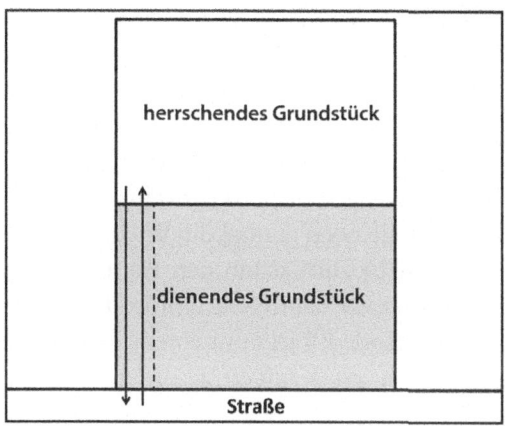

Abb. 4.1 Grunddienstbarkeit „Wegerecht"

Ausgeber von Erbbaurechten sind meist die Gemeinden oder die Kirchen, die große Bestände an Grundbesitz halten und diese nicht veräußern wollen oder teilweise auch nicht dürfen.

So schließen nun der Grundstückseigentümer als Erbbaugeber und der Bauherr als Erbbauberechtigter einen Erbbaurechtsvertrag. In diesem Erbbaurechtvertrag, der meist eine Laufzeit von 75 bis 99 Jahren hat, wird nun die Geschäftsbeziehung geregelt. So regelt man den Erbpachtzins (Grundstücksmiete), die Art, wie der Erbpachtzins inflationär angepasst wird und die Frage, was am Ende der Vertragslaufzeit passiert. Schließlich wäre es unsinnig, sich bei Ablauf des Erbbaurechtsvertrages die darauf errichtete Immobilie unter den Arm zu klemmen, ein neues Grundstück zu suchen und die Immobilie da einfach wieder drauf ab zu stellen. Der Pfiffige unter Ihnen denkt jetzt wahrscheinlich: „Geht in den USA doch auch! Holzhaus auf einen großen Lkw und los geht es!" Hier ist es glücklicherweise anders. Die Immobilie muss somit nach Ablauf des Vertrages nicht vom Grundstück entfernt werden, sondern der Vertrag wird entweder mit neuen Konditionen frisch verhandelt oder aber der Erbbaugeber muss dem Erbbauberechtigtem grundsätzlich eine Vergütung für den Gebäudewert auszahlen, der nach den Maßgaben des geschlossenen Erbbaurechtsvertrages geregelt ist.

Wichtig zu wissen ist, dass das Erbbaubaurecht im Grundbuch eingetragen und wie ein Grundstück behandelt wird. Weiterhin kann es wie ein Grundstück veräußert, vererbt und belastet werden. Wir sprechen hier also von grundstücksgleichen Rechten. Feinheiten der Beleihungsgrenzen mit Grundpfandrechten und auch Veräußerungszustimmung seitens des Erbbaugebers regelt der Erbbaurechtsvertrag.

Deshalb an dieser Stelle noch einmal die Wichtigkeit, das Grundbuch einzusehen, denn ich habe auch schon den Fall erlebt, dass ein mir bekannter Makler erst kurz vor dem Notartermin die Erkenntnis erlangte, dass sich das zu verkaufende Objekt auf einem Erbpachtgrundstück befindet. Der Notartermin zur Kaufvertragsunterzeichnung ist natürlich geplatzt.

> **Mein Tipp**
>
> Schließen Sie Fehlerquellen schon im Vorfeld aus!

4.4.2 Flurkarte/Liegenschaftskarte

Die Flurkarte ist ein Dokument. Nein anders: Ganz Deutschland ist vermessen, jedes Grundstück katasterlich erfasst und nummeriert. Das katasterliche Erfassen beinhaltet auch eine große Datei von Vermessungskarten, in denen jedes Grundstück mit dieser Nummerierung eingezeichnet ist. Diese Vermessungskarten sind aufgeteilt nach Gemarkungen, Fluren und Flurstücken, wobei Gemarkung, Flur und Flurstück katasterliche Vermessungseinheiten sind. Die Flurkarte, beziehungsweise Liegenschaftskarte, gibt dem Kaufinteressenten, dem Gutachter oder auch der finanzierenden Bank einen ersten Eindruck über die Aufteilung des Grundstücks, der Lage der befindlichen Immobilie und gegebenenfalls auf dem Grundstück befindliche Nebengebäude. Gerade Banken kennen die zu finanzierende Immobilie meist nur auf dem Papier. Kaum ein Kreditsachbearbeiter macht selber eine Außenbesichtigung im Rahmen der Finanzierungsprüfung. Nur in wenigen Fällen beauftragt eine Bank einen Gutachter zur Begehung vor der Finanzierungszusage. In den meisten Fällen läuft die Begehung im Nachhinein, damit die Bank das Risiko in ihrem Finanzierungsportfolio im Auge behält. Somit verschafft sich eine finanzierende Bank aus der Flurkarte beziehungsweise Liegenschaftskarte einen ersten Eindruck über das Umfeld der zu finanzierenden Immobilie. Aus der Flurkarte beziehungsweise Liegenschaftskarte kann man im Groben ersehen, ob sich das Objekt in einem reinen Wohngebiet befindet, oder ob es Gewerbe/Industrie in der Nähe gibt, die den Wert der Immobilie beeinflussen könnten. Auch lässt sich die Infrastruktur grob ableiten. Liegt die Immobilie an einer Haupt- oder Nebenstraße, sind Gewässer in der Nähe oder sind Bahnstrecken in der Nähe. All dies sind wichtige Informationen, die der Bewertung einer Immobilie dienlich sind und macht die Flurkarte beziehungsweise Liegenschaftskarte letztendlich zu einem Pflichtdokument im Rahmen einer Immobilienfinanzierung.

> **Fazit**
>
> Die Flurkarte/Liegenschaftskarte gibt Auskunft über Lage und Umfeld einer Immobilie.

4.4.3 Ansichtszeichnungen

Die Ansichtszeichnungen sind schnell beschrieben. Auf diesen wird das zu erbauende Objekt aus allen Himmelsrichtungen zeichnerisch von außen dargestellt. Besonderheit ist nur, dass das dreidimensionale Objekt in der Regel zweidimensional von allen Seiten gezeichnet wird (s. Abb. 4.2, 4.3, 4.4 und 4.5).

4.4.4 Baubeschreibung

Bei den meisten erbauten Immobilien wird im Vorhinein, also vor Baubeginn, eine Baubeschreibung erstellt. Diese stellt die Ausführung des zu erbauenden Objektes in umfassender Form dar, sodass sich der Bauherr oder auch ein potenzieller Käufer vorab ein komplettes Bild von der zu erbauenden Immobilie machen kann. So enthält eine Baubeschreibung unter anderem eine Beschreibung der Umgebung des zu erbauenden Ob-

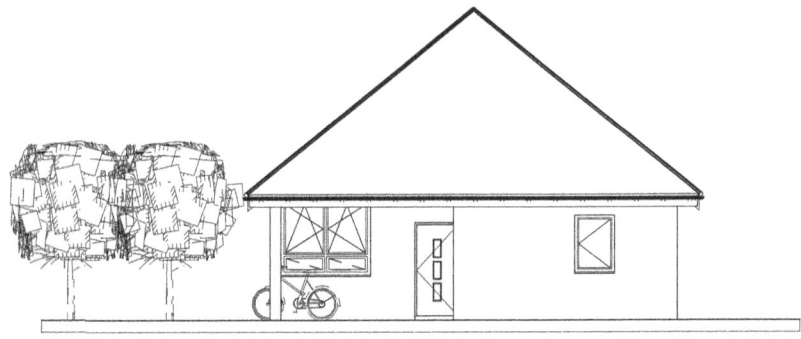

Ansicht - Nord

Abb. 4.2   Beispiel Ansichtszeichnung Nord

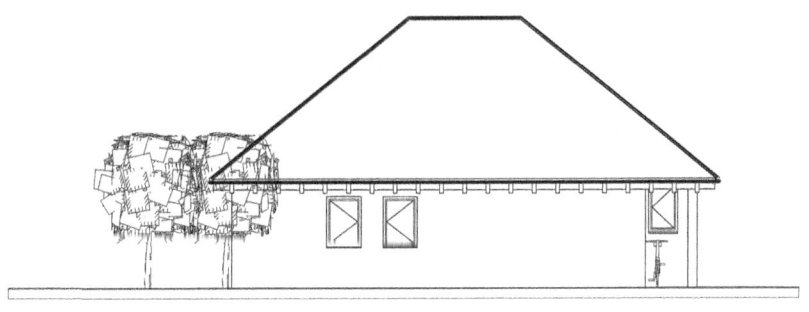

Ansicht - Ost

Abb. 4.3   Beispiel Ansichtszeichnung Ost

jektes. Weiterhin finden Sie in der Baubeschreibung die kompletten Zeichnungen des Bauvorhabens, insbesondere Ansichts- und Grundrisszeichnungen samt Bemaßungen.

Sie enthält weiterhin eine sehr detaillierte Aufstellung über die Ausstattung und die Ausfertigungsmerkmale des Bauvorhabens und der Bauleistung. So können Sie der kompletten Baubeschreibung die ausführliche Darstellung der Beschaffenheit der Wände und des Daches entnehmen, samt der Art der eingesetzten Dämmmaterialen, kompletten Informationen über die Heizungsanlage, Art und Beschreibung der ein-

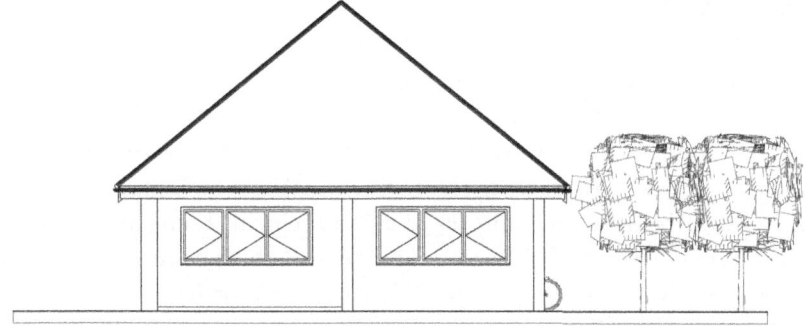

Ansicht - Süd

Abb. 4.4   Beispiel Ansichtszeichnung Süd

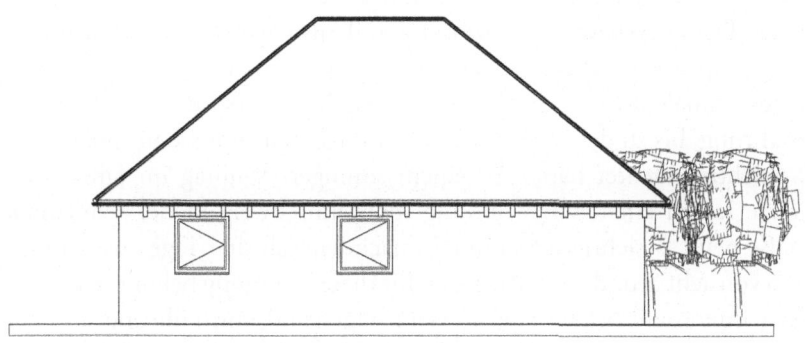

Ansicht - West

Abb. 4.5   Beispiel Ansichtszeichnung West

zubauenden Fenster bis zu hin zu den verwendeten Steckdosen und Lichtschaltern samt ihrer Anzahl je Raum des Objektes.

Sehr viele finanzierende Banken fragen eine Baubeschreibung in ihren Unterlagenverzeichnissen an. Sofern Ihnen diese vorliegt, sollten Sie diese auch einem potenziellen Kaufinteressenten für die finanzierende Bank an die Hand geben.

4.4.5 Grundrisse

In der Fachsprache handelt es sich bei einem Grundriss um eine zwei-
dimensionale zeichnerische Darstellung einer räumlichen Begebenheit,
doch in Immobilienmaklersprache ist der Grundriss die zeichnerische
Darstellung des Inneren einer Immobilie (s. Abb. 4.6). Gerade wenn er
auch noch bemaßt ist, hilft er uns und einem Kauf- oder Mietinteressenten, sich möglicherweise für eine Immobilie besser entscheiden
zu können. Nichts ist angenehmer als nach einer Besichtigung ein Exposé zu erhalten, in dem sich ein bemaßter Grundriss befindet. So hat
unser Interessent zusammen mit der Wohnflächenberechnung und den
Immobilienbildern im Nachgang die optimale Chance, sich in Ruhe alles
noch einmal anzugucken, sich durch den Kopf gehen zu lassen und mit
seiner Fantasie die Immobilie mit seinen Möbeln zu bestücken, um sein
neues Heim gedanklich einzurichten. Umso genauer die Grundrisszeichnungen sind, desto besser kann unser Kauf- oder Mietinteressent
seine optimale Entscheidung treffen. Mein liebstes Beispiel ist eine eigene
Erfahrung, bis zu der ich bei Mietwohnungen Grundrisse für noch nicht
so wichtig erachtet habe. An einem sonnigen Sonntag im Jahre 2011
führte ich in einer Mietwohnung in Braunschweig in der Comenius-
straße neun Besichtigungen durch, nachdem ich drei Tage zuvor innerhalb von acht Stunden 30 Anfragen für diese Wohnung bekommen hatte.
Jeder Interessent bekam von mir seine eigene 30-min-Führung, um sich
seine mögliche, zukünftige 80 m^2 große Drei-Zimmer-Maisonette-
Mietwohnung in aller Ruhe angucken zu können. Nach jedem Rundgang bekam der jeweilige Interessent ein Exposé und eine Selbstauskunft
mit auf den Weg, um seine Entscheidung im Nachgang in aller Ruhe
treffen zu können. Keine 24 h später meldeten sich die ersten beiden
ernsthafteren Interessenten per Mail mit ausgefüllter Selbstauskunft und
Gehaltsbescheinigungen. Die Wahl des Vermieters fiel auf eine 27-jährige,
verbeamtete Lehrerin. Die Entscheidung seitens des Eigentümers war
aufgrund des sicheren Einkommens nachvollziehbar. Vier Tage später die
Mietvertragsunterzeichnung in der besichtigten Wohnung. Glücklich
trennten sich an diesem späten Nachmittag die neue Mieterin, absolut
voller Freude über die Wohnung Nähe des Prinzregentenparks, der Ver-

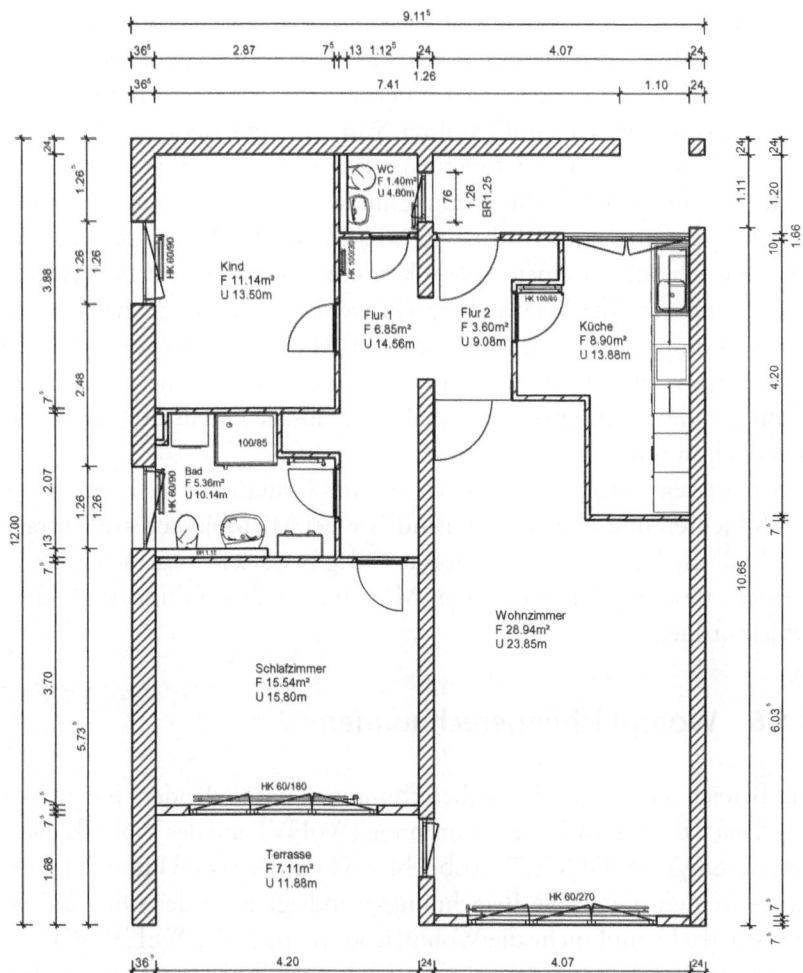

Abb. 4.6 Grundriss einer Erdgeschosswohnung

mieter, glücklich eine gute Partie als langfristigen Mieter zu haben und ich der Makler, überzeugt, zwei Menschen glücklich gemacht zu haben. Okay, drei Menschen glücklich, denn Geld verdient hatte ich schließlich auch.

Am nächsten Vormittag klingelte das Telefon. Eine verzweifelt, leicht schluchzende Stimme fragte mich, ob der Mietvertrag rückabgewickelt werden könnte. Es gäbe ein Problem mit der Wohnung, nein, vielmehr mit den Möbeln. Auf meine etwas irritierte Frage, was denn los sei, teilte mir die Lehrerin mit, dass sich aufgrund der Schrägen in der Dachgeschosswohnung der Großteil ihrer Schränke und Regale nicht stellen lassen. Ich gebe zu, dass ich innerlich etwas schmunzeln musste. So etwas hatte ich auch noch nicht erlebt. Eine Wohnung nach einer 30-min-Besichtigung angemietet, ohne zu wissen, ob die Möbel passen. Das empfand ich auf der einen Seite schon etwas amüsant, auf der anderen Seite konnte ich die Verzweiflung ein wenig verstehen. So habe ich in Abstimmung mit dem Eigentümer den Mietvertrag aufgehoben. Die Wohnung wurde letztendlich an den zweiten ernsthaften Interessenten vermietet, der trotz der vorher erhaltenen Absage seitens des Vermieters nun doch in positiver Stimmung war.

Seit diesem Tage übergebe ich immer Grundrisse in Exposés bei Kaufobjekten und übersende Grundrisse bei Mietobjekten auf Anfrage per Mail als PDF-Datei. Auf jeden Fall gibt es seit diesem Vorfall in meinem Bestand kein Kauf- oder Mietobjekte ohne Grundriss in dem Objektordner.

4.4.6 Wohnflächenberechnungen

Im Bereich der Wohnflächenberechnungen unterscheiden Sie in der Regel nach der Wohnflächenverordnung (WoFlV) und der Wohnflächenberechnung nach DIN 277, wobei hier schon der erste Unterschied genannt werden muss. Die Berechnungsgrundlage nach der DIN 277 ist die Nutzfläche und nicht die Wohnfläche wie nach der WoFlV. Wichtig zu wissen ist, dass bei öffentlich gefördertem Wohnraum die Wohnflächenverordnung anzuwenden ist. Ist der Wohnraum frei von öffentlicher Förderung, kann auch die Berechnung nach DIN 277 angewendet werden.

Doch werfen wir zuerst einen Blick auf die Wohnflächenberechnung nach der WoFlV. Nach § 2 Abs. 1 WoFlV gehören zu der Wohnfläche einer Wohnung alle Grundflächen, die sich innerhalb dieser Wohnung befinden. Wobei auch Terrassen, Balkone, Loggien und selbst Wintergärten oder auch Schwimmbäder hinzuzurechnen sind, wenn diese ebenfalls ausschließlich zu dieser besagten Wohnung gehören (§ 2 Abs. 2 WoFlV). Nicht zur Wohnfläche der Wohnung hinzuzurechnen sind die Grundflächen von Abstellräumen außerhalb der Wohnung, Kellerräumen, Bodenräumen sowie Waschküchen, Heizungsräumen und Garagen (§ 2 Abs. WoFlV).

Nun kennen Sie schon die Grundflächen der Räume, die in die Berechnung mit einbezogen werden. Jetzt gehen wir auf die Berechnungsmultiplikatoren ein. Dass man für eine Wohnflächenberechnung die Grundflächen in Form von Länge und Breite multipliziert, wird für Sie kaum überraschend sein, doch muss bei der Berechnung im Gesamten die lichte Höhe und die Beheizbarkeit beachtet werden (§ 4 WoFlV). Kurzum, sofern die lichte Höhe 2 m nicht unterschreitet, wird die Grundfläche voll auf die Wohnfläche angerechnet. Liegt die lichte Höhe allerdings unter 2 m, allerdings nicht unter 1 m, darf die Grundfläche nur noch mit der Hälfte angerechnet werden. Gelangen Sie bei Ihren Messungen zu einer lichten Höhe unter 1 m findet die Grundfläche nach der Wohnflächenverordnung keine Anrechnung.

Kurz zusammengefasst: 2 m Höhe und drüber ganze Anrechnung, zwischen 1 m und 2 m Höhe halbe Anrechnung, unter 1 m Höhe keine Anrechnung.

Bei Wintergärten und Schwimmbädern wird zudem geschaut, ob eine Beheizbarkeit besteht. Und nein, ich meine an dieser Stelle keinen Heizwärmelüfter, den Sie in den Raum stellen, sondern eine komplett installierte Heizung. Ist eine installierte Heizung vorhanden, die den Wintergarten oder das Schwimmbad komplett heizen kann, so finden die Grundflächen volle Anrechenbarkeit auf die Wohnfläche. Sind Wintergarten oder Schwimmbad unbeheizt, so finden die Grundflächen nur maximal die hälftige Anrechnung auf die Wohnfläche.

Abschließend fällt unsere Betrachtung noch auf Terrassen, Loggien und Balkone. Bei diesen gibt die WoFlV vor, dass die Grundflächen normalerweise mit einen Viertel, höchstens jedoch zur Hälfte auf die Wohnfläche angerechnet werden dürfen (§ 4 Abs. 4 WoFlV). Den Spielraum zwischen einem Viertel und höchstens der Hälfte habe ich bis heute nicht verstanden. Die Anrechnung bis zur Hälfte soll allerdings angemessen sein, wenn der Balkon, die Loggia oder die Terrasse zur Erhöhung des Wohnwertes in der Wohnung beiträgt. Also: Ermessensspielraum!

Bei der Wohnflächenberechnung nach DIN 277, die zur Berechnung und Ermittlung der Grundflächen und Rauminhalten von Bauwerken und auch zur Berechnung und Ermittlung von Grundflächen und Rauminhalten von Teilen von Bauwerken im Hochbau dient, werden die zu berechnenden Flächen unterschiedlich definiert.

So gibt es an oberster Stelle die *Bruttogrundfläche,* in der alle Flächen addiert werden. Die Bruttogrundfläche gliedert sich in die *Konstruktionsfläche* und die *Nettogrundfläche* auf, wobei die Konstruktionsfläche die Fläche darstellt, die zum Beispiel Wände oder Stützen einnehmen.

Die Nettogrundfläche beinhaltet nach der DIN 277 die *Nutzflächen,* die *technischen Funktionsflächen* und die *Verkehrsflächen.* Mit technischen Funktionsflächen sind die Flächen gemeint, in denen sich zum Beispiel die Heizungsanlage oder auch Öltanks befinden, während mit Verkehrsflächen zum Beispiel Eingangsbereiche, Treppen und Flure gemeint sind, die sich nicht im Wohnraum befinden. Die Nutzflächen sind somit alle Grundflächen, die nicht als Verkehrsflächen oder technische Funktionsflächen bestimmt sind (s. Abb. 4.7).

Die reine Nutzfläche ist also die Fläche, die einer bestimmten Zweckbestimmung zugeordnet ist. Von diesen Zweckbestimmungen gibt es nach der DIN 277 insgesamt sieben. Diese gliedern sich wie folgt auf:

- Wohnen und Aufenthalt
- Büroarbeit
- Produktion, Hand- und Maschinenarbeit, Experimente
- Lagern, Verteilen und Verkaufen
- Bildung, Unterricht und Kultur
- Heilen und Pflegen
- Sonstige Nutzungen

Diese Zuordnung wird innerhalb der DIN 277 jetzt in weitere Unterpunkte aufgegliedert, sodass bei der Erstellung einer Flächenberechnung nach dieser DIN viele Kleinigkeiten beachtet werden müssen, um keine Fehler zu machen. Zudem werden noch die Rauminhalte bis zu einer lichten Höhe von 1,50 m und mehr oder darunter beachtet, denn diese

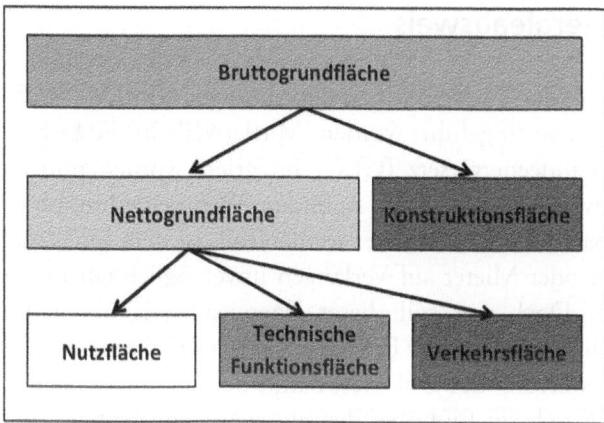

Abb. 4.7 Flächenaufteilung nach DIN 277 Ausgabe 2005

müssen getrennt berechnet werden. Also keine Flächenberechnung, die einfach mal so von Ihnen aus dem Ärmel geschüttelt wird. Wichtig ist, dass Sie wissen, dass es diese Berechnungsart gibt und sie immer mal wieder auftritt.

Sollten Sie mal bei einer Immobilie eine Wohnflächenberechnung durchführen, weil keine Grundrisse seitens der Eigentümer vorhanden sind und auch die Bauakte beim Bauamt keine enthält, halten Sie sich an die Wohnflächenberechnung nach der Wohnflächenverordnung (WoFlV). So schaffen Sie es, etwaige Fehlerquellen in Ihrer Berechnung zu minimieren.

Mein Tipp

Sollten Sie eigene erstellte Wohnflächenberechnungen für Ihre zu vermakelnde Objekte und Ihre Exposés erstellen, schreiben Sie im Exposé unbedingt dazu, dass sich die Wohnflächenberechnung aus den vorliegenden
Unterlagen und teilweise eigenem Vermessen ergibt und Sie für die Vollständigkeit und Richtigkeit keine Haftung übernehmen. Im Zweifelsfall soll
bitte selber vermessen oder ein Architekt beauftragt werden.

4.4.7 Energieausweis

Im Rahmen der Energieeinsparverordnungen (EnEV) sind auch die Energieausweise eingeführt worden. Mittlerweile ist die EnEV allerdings in das Gebäudeenergiesetz (GEG) integriert worden und das Thema Energieausweise dort im Teil 5 zu finden. Wenn eine Immobilie also verkauft, verpachtet oder vermietet werden soll, ist dem interessierten Käufer, Pächter oder Mieter auf Verlangen unverzüglich ein Energieausweis vorzulegen. Doch was soll dieser Energieausweis überhaupt? In der Grundsätzlichkeit dient der Energieausweis als Dokument über die energetische Bewertung des Objektes, damit der zukünftige Käufer, Pächter oder Mieter sich ein Bild über den energetischen Zustand des Objektes machen und seine künftigen Kosten für die benötigte Energie abschätzen kann. Hierbei gibt es natürlich auch kleine Ausnahmen. So unterliegen zum Beispiel Baudenkmäler keiner Energieausweispflicht, ebenso kleine Gebäude, deren Bruttorauminhalt kleiner als 100 m³ ist (§ 79 Abs. 4 GEG). Bei den kleinen Gebäuden handelt es sich meist um Nebengebäude oder Kioske.

Die Energieausweise unterscheiden sich in den Energieverbrauchsausweis und den Energiebedarfsausweis, denen auch noch zwei völlig unterschiedliche Bewertungsverfahren unterliegen. Schauen wir uns im Folgendem die Unterschiede etwas genauer an.

Der Energiebedarfsausweis wird grundsätzlich auf Objekte ausgestellt, deren Bauantrag vor dem 01.11.1977 gestellt worden ist und die weniger als fünf Wohneinheiten besitzen (§ 80 Abs. 3 GEG). Dementsprechend wird der Energieverbrauchsausweis grundsätzlich auf Gebäude ab fünf Wohneinheiten oder Gebäude mit gestelltem Bauantrag ab dem 01.11.1977 angewendet.

Bei der Erstellung dieser Ausweise werden zwei unterschiedliche Bewertungsverfahren angesetzt. Während bei dem Energieverbrauchsausweis das arithmetische Mittel des Energieverbrauches aus den letzten drei Jahresverbräuchen errechnet wird, guckt man bei dem Energiebedarfsausweis schon etwas genauer hin. Hier verschafft sich der Energieberater einen Überblick über die energetische Bausubstanz, indem ein Augenmerk zum Beispiel auf Außendämmung, isolierte Fenster, gedämmtes

Dach, Alter der Heizungsanlage und Rohrleitungssysteme gelegt wird. Hier wird also der benötigte Energiebedarf des Objektes anhand Größe, Volumen und energetischer Bausubstanz ermittelt.

Sie erkennen schon den Unterschied. Habe ich ein neueres Gebäude oder ein Mehrfamilienhaus in der Prüfung, in dem auch noch Menschen leben, die ab unter 20 °C frieren und dann schon die Heizung anschmeißen, ist der Wert des Energieverbrauchsausweises ganz schnell im roten Bereich. Wohnen in diesen Objekten hingegen Menschen, die ab 15 °C Innentemperatur die Heizung ausschalten, weil es ihnen zu warm wird, ist der Wert des Energieverbrauchsausweises ganz schnell im grünen Bereich.

Der Unterschied liegt klar auf der Hand. Bei dem Energiebedarfsausweis zählt das energetische Verhalten der Immobilie, bei dem Verbrauchsausweis das energetische Verhalten des Menschen. Die Bewertung der Sinnhaftigkeit des Energieverbrauchsausweises überlasse ich Ihnen.

4.4.8 Teilungserklärung

Das Thema Teilungserklärung ist in seinen Grundzügen im Rahmen des Wohneigentumsgesetzes, auch kurz WEG genannt, geregelt. So steht nach § 8 WEG einem Eigentümer das Recht zu, sein Grundstück in Miteigentumsanteile aufzuteilen. Das bedeutet, dass aus einer auf dem Grundstück zu errichteten Immobilie mehrere Anteile erstellt werden. Diese Anteile können auch unterschiedliche Größen haben. Wichtig ist, dass jedem Anteil das Sondereigentum an einer Wohnung zusteht und auch Anteile an nicht zu Wohnzwecken dienende Räume oder Gebäudebestandteile zugeordnet ist.

Damit diese Teilung wirksam wird, werden im Grundbuchamt zu diesem Grundstück und Gebäude Wohngrundbücher angelegt. Dazu wird bei dem Grundbuchamt auch ein Aufteilungsplan eingereicht. Dieser besteht aus Zeichnungen des Objektes, in denen die Wohnung und die dazu gehörigen nicht zu Wohnzwecken dienenden Räume nummeriert werden, damit die Wohnungsgrundbücher exakt angelegt werden können.

Die Teilungserklärung selbst ist das dazugehörige notwendige Dokument, wenn es also an einem Haus mehrere Eigentümer beziehungsweise mehrere Anteile gibt. Das Objekt wird somit über die Teilungserklärung in das Sondereigentum, das Teileigentum und das Gemeinschaftseigentum eingeteilt. Das Sondereigentum ist hierbei die eigentliche Wohnung innerhalb der „eigenen vier Wände".

Das Teileigentum ist das Sondereigentum an nicht zu Wohnzwecken dienenden Räumen eines Gebäudes in Verbindung mit dem Miteigentumsanteil an dem gemeinschaftlichen Eigentum (z. B. Grundstück, Zuwegungen, Flure, allgemeiner Kellerbereich, gemeinschaftliche Fahrrad- oder Wäscheräume, usw.), zu dem es gehört. Etwas förmlicher finden Sie die gesetzlichen Texte im § 1 WEG, in dem sich die Begriffsbestimmungen befinden. In der Teilungserklärung wird somit also das miteinander geregelt, damit jeder weiß, wie er sich baurechtlich zu verhalten hat.

Die Teilungserklärung ist beim möglichen Kauf beziehungsweise möglichen Verkauf einer Immobilie zwingend zu übergeben, damit der potenzielle Käufer sich von dem Inhalt vor der Kaufvertragsunterzeichnung informieren und überzeugen kann, denn er hat beim Kauf den Inhalt anzuerkennen.

Grundsätzlich wird die Teilungserklärung vom Notar beim Kaufvertragstermin mit verlesen, es sei denn, die Parteien verzichten darauf, wobei der Verzicht des Verlesens mittlerweile der Regelfall ist.

4.4.9   Nebenkostenabrechnungen

Ob man es glaubt oder nicht, doch in Deutschland ist alles geregelt. So auch die Grundsätzlichkeiten einer Nebenkostenabrechnung. Diese können Sie, lieber Leser, in der Verordnung über die Aufstellung von Betriebskosten, kurz Betriebskostenverordnung (BetrKV) einsehen. Zudem gilt als Basis für Betriebskostenabrechnungen der § 556 des Bürgerlichen Gesetzbuches (BGB), der auch die Fristen der Abrechnungen regelt.

Diese möchte ich nach der aktuellen Gesetzgebung auch kurz ansprechen, denn hier treten häufig Irritationen bei Immobilienmaklern und auch bei Immobilieneigentümern auf. Nach § 556 Abs. 3 BGB muss die Betriebskostenabrechnung einem Mieter allerspätestens bis zu dem Ablauf des zwölften Monats nach dem Ende des Abrechnungszeitraums zugegangen sein. Ist Ihr Abrechnungszeitraum beispielsweise der

01.01.–31.12. eines Jahres, so muss die Betriebskostenabrechnung aller-spätestens am 31.12. des Folgejahres bei Ihrem Mieter vorliegen. Über-schreiten Sie die Frist, haben Sie also den 31.12. des Folgejahres ver-pennt, so ist eine etwaige Nachforderung seitens des Vermieters grundsätzlich ausgeschlossen. Die einzige Ausnahme, die eintreten kann, liegt in dem Unverschulden des Vermieters.

Auch gibt es eine Begrenzung der Einspruchsfrist seitens des Mieters. Ein Mieter hat nach Zugang der Betriebskostenabrechnung maximal zwölf Monate Zeit, dagegen Einspruch zu erheben. Geht also eine Be-triebskostenabrechnung zum Beispiel am 02.08. ein, so endet die Ein-wendungsfrist am 02.08. des Folgejahres. Verpennt der Mieter den Ab-lauf des zwölften Monats nach Zugang, gilt die Abrechnung als anerkannt.

In den Betriebskosten werden auf den Mieter die Kosten umgelegt, die zur Bewirtschaftung einer Immobilie notwendig sind, und auch die Kos-ten, die der Mieter selber verbraucht. Hierunter fallen unter anderem zum Beispiel die Heizkosten, die Wasser- und Abwasserkosten, die Kos-ten der Müllentsorgung, die Beiträge zur Wohngebäudeversicherung, sowie die der Gebäudehaftpflichtversicherung und die Kosten der Ge-meinschaftsbeleuchtung. Auch kann der Mieter an den Kosten für den Hauswart und die eventuelle Gartenpflege der Außenanlage beteiligt werden. Eine komplette Auflistung dieser Kosten finden Sie im § 2 der Betriebskostenverordnung.

Legen wir nun noch einen Augenmerk auf die nichtumlagefähigen Nebenkosten, denn auch hier treten nicht selten Missverständnisse auf. Auf keinen Fall ist der Mieter verantwortlich, wenn bei einem Eigen-tümer Verwalterkosten, Steuerberaterkosten oder Portokosten auftreten. Auch eine Besparung einer Instandhaltungsrücklage ist nicht zulasten des Mieters abzurechnen, denn schließlich ist es der Spartopf der Eigen-tümergemeinschaft.

Unbedingt erwähnenswert ist abschließend ein möglicher Erbpacht-zins. Der ein oder andere Vermieter hat schon probiert, diesen auf seine Mieter im Rahmen der Betriebskostenabrechnung abzuwälzen. Der Erb-pachtzins ist und bleibt eine Aufwendung des Vermieters.

Fazit

Alle Kosten, die sich nicht im § 2 der Betriebskostenverordnung befinden, sind auch nicht auf den Mieter umlagefähig.

4.4.10 Wirtschaftspläne

In den vorigen Abschnitten haben wir uns schon mit dem Thema Teilungserklärung und Betriebskostenabrechnung beschäftigt. Ergänzend befassen wir uns kurz mit den Wirtschaftsplänen.

Im Rahmen einer Wohneigentümergemeinschaft wird in der Regel ein Verwalter bestimmt, der gemäß den Regelungen des Wohneigentumsgesetzes (WEG) die Hausverwaltung und die damit verbundenen Tätigkeiten übernimmt. Neben der jährlichen Betriebskostenabrechnung für die gesamte Liegenschaft und die Einzelabrechnungen auf jede einzelne Wohneinheit ist der Verwalter gemäß § 28 WEG zur Erstellung eines jährlichen Wirtschaftsplanes verpflichtet. Dieser berücksichtigt die voraussichtlichen Einnahmen und Ausgaben der Liegenschaft für das kommende Wirtschaftsjahr. Damit die gesamten Kosten und Lasten der Liegenschaft über das Jahr hinweg getragen werden können, legt der Verwalter die jeweiligen Vorauszahlungen fest, die jeder Wohnungseigentümer zu leisten hat. Ist das Wirtschaftsjahr abgelaufen, erstellt der Verwalter die Betriebskostenabrechnung anhand der angefallenen Einnahmen und Ausgaben gemäß vorliegender Rechnungen, die er auf Verlangen durch Mehrheitsbeschluss der Eigentümergemeinschaft vorzulegen hat.

Im Rahmen der jährlichen Wohnungseigentümerversammlung werden mit der Stimmenmehrheit seitens der einzelnen Wohnungseigentümer die Abrechnung samt Rechnungslegung und der Wirtschaftsplan der Liegenschaft jedes Jahr neu beschlossen.

4.4.11 Protokoll der Eigentümerversammlung

Neben der Abrechnung samt Rechnungslegung und dem Wirtschaftsplan kommen in der jährlichen Eigentümerversammlung verschiedenste Punkte und Beschlüsse auf die Agenda beziehungsweise werden zusätzliche Punkte an diesem Tage durch die einzelnen Wohnungseigentümer vorgetragen. Natürlich wissen wir, dass man sich nicht alles merkt und dass es meist im Nachhinein doch zu Nachfragen oder Unstimmigkeiten kommen kann. Um hier gleich vorzubeugen ist gemäß § 24 Abs. 6 WEG festgelegt, dass über die gefassten Beschlüsse in der Wohneigentümerversammlung eine Niederschrift aufzunehmen ist. Diese Niederschrift ist mindestens von dem Verwalter und einem Wohnungseigentümer zu unterschreiben. Gibt es einen gewählten Verwaltungsbeirat, hat zusätzlich der Vorsitzende oder sein Vertreter diese Niederschrift mit zu unterschreiben.

Zudem wird durch den Verwalter eine Beschlussfassung erstellt, in der alle verkündeten und schriftlichen Beschlüsse mit Ort und Datum der Versammlung beziehungsweise Ort und Datum der Verkündung erfasst werden (§ 24 Abs. 7 WEG).

In der Regel wird von dem Verwalter der Wohnungseigentümergemeinschaft aus der Beschlussfassung und der Niederschrift ein Protokoll erstellt, das er den Wohnungseigentümern zeitnah nach der Versammlung zukommen lässt. Für Sie als Makler und für Ihre Kaufinteressenten von Wohnungen, die einer WEG-Verwaltung unterliegen, sind die Protokolle der letzten drei Jahre sehr wichtig. In diesen Protokollen erfahren Sie explizit, wie es um die Wohnanlage steht, welche Investitionen in naher Zukunft getätigt werden sollen und manchmal auch, welche Streitereien es in dem Objekt gibt. Nicht jeder Immobilienverkäufer packt gleich alle Karten offen auf den Tisch, wie man es umgangssprachlich sagt.

4.4.12 Erbbaurechtsvertrag

Wie schon in dem Abschnitt *Grundbuch* beschrieben, handelt es sich bei einem Erbbaurechtsvertrag um einen Art Grundstückspachtvertrag zwischen einem Erbpachtgeber und einem Erbbauberechtigtem. Der Erbpachtgeber, meist Städte, Kommunen oder Kirchen, ist Eigentümer eines Grundstückes, das er einem Erbbauberechtigtem über einen Zeitraum von meist 75–99 Jahren verpachtet. Der Erbbauberechtigte erhält das Recht, das gepachtete Grundstück mit einer Immobilie zu bebauen und diese während der Laufzeit des Vertrages auch nutzen zu dürfen. Während der Vertragslaufzeit zahlt der Erbpachtnehmer/Erbbauberechtigte eine jährliche Grundstückspacht, die Erbpachtzins genannt wird. Diese samt etwaigen Erhöhungen sind im Erbbaurechtsvertrag geregelt. Ebenfalls geregt wird die mögliche Beleihungsgrenze bei etwaigen Finanzierungen und auch Entschädigungszahlungen bei Ablauf des Vertrages, denn schließlich erlischt das Erbbaurecht nach Ablauf der vereinbarten Zeit. Das erbaute Gebäude muss dann aber nicht vom Grundstück entfernt werden, sondern der Erbbauberechtigte erhält für die Immobilie grundsätzlich eine Vergütung vom Erbpachtgeber, die dann nach dem vorhandenen Gebäudewert berechnet wird.

Das Erbbaurecht selbst wird in das Grundbuch eingetragen und wie ein Grundstück behandelt (grundstücksgleiches Recht). Das Erbbaurecht kann also wie ein Grundstück veräußert, vererbt und gemäß den Regelungen des vorhandenen Erbbaurechtsvertrages zum Beispiel auch mit Grundpfandrechten belastet werden (siehe auch unter dem Abschn. 4.4.1).

Mit dem Abschnitt „Unterlagen" haben Sie nun einen Einblick in die wichtigsten Unterlagen erhalten, die sich in Ihrem Objektordner befinden sollten. Um Ihnen die Arbeit beim Immobilieneigentümer zu erleichtern, finden Sie in Kap. 11 die Formulare Objektunterlagen Einfamilienhaus, Objektunterlagen Eigentumswohnung und Objektunterlagen Grundstück. Diese Formulare sollen Ihnen helfen, beim Immobilieneigentümer die wichtigsten Unterlagen abfragen zu können. Drucken Sie die Formulare aus, nehmen Sie diese zu Ihren Ersttermin mit und übergeben das jeweilige Formular direkt beim Ersttermin an den Eigentümer. So weiß er, welche Hausaufgaben als Vorbereitung für den zweiten Termin mit Ihnen zu erledigen sind.

5

Präsentation und Vermarktung

Zusammenfassung In diesem Kapitel werden die Schwerpunkte bei der Präsentation herausgearbeitet. Sie erhalten einen Überblick über unterschiedliche Präsentations- und Vermarktungsmöglichkeiten: vom Exposé über Onlineportale, virtuelle 360-Grad-Rundgänge und Home Staging bis hin zur Zeitungsannonce.

In diesem Kapitel werden die Schwerpunkte bei der Präsentation herausgearbeitet. Sie erhalten einen Überblick über unterschiedliche Präsentations- und Vermarktungsmöglichkeiten: vom Exposé über Onlineportale, virtuelle 360-Grad-Rundgänge und Home Staging bis hin zur Zeitungsannonce.

Bei der Präsentation und Vermarktung einer Immobilie wird eine Ihrer Kernkompetenzen abgefragt. Hier spielt sich der Großteil Ihrer Arbeit ab. Hier sind Sie als Profi gefragt. Halten Sie sich als Profi deshalb bitte immer wieder vor Augen, dass der Verkäufer einer Immobilie und auch der Vermieter einer Immobilie Ihnen entweder einen Teil oder sogar sein ganzes Vermögen anvertraut. Und hier sprechen wir tatsächlich von Ver-

© Der/die Autor(en), exklusiv lizenziert durch Springer Fachmedien Wiesbaden GmbH, ein Teil von Springer Nature 2021
O.-D. Helfrich, *Erfolgsstrategien für Immobilienmakler*,
https://doi.org/10.1007/978-3-658-35683-5_5

trauen. Kein Verkäufer und auch kein Vermieter überträgt Ihnen die Vermarktung seiner Immobilie, wenn er davon überzeugt ist, dass Sie einen schlechten Job machen. Ganz im Gegenteil, Sie haben in kurzer Zeit eine Vertrauensbasis aufgebaut, die Sie jetzt professionell ausbauen können.

5.1   Exposé

Die Grundlage Ihrer Präsentation ist das Exposé der Immobilie. Hier ist ein Teil Ihres Könnens gefragt. Hier trennt sich die Spreu vom Weizen. Können Sie gut präsentieren, werden Sie Objektanfragen generieren. Sind Sie mit halbem Herzen dabei, werden die zu genierenden Objektanfragen doch eher wie ein Spiel an der Slot-Maschine.

Mir wird immer wieder gesagt, dass es Immobilienmakler gibt, die ganz einfach mehr Glück haben als andere. Vertrauen Sie mir, wenn ich Ihnen sage: „Ihr Glück ist planbar!" Mit hochwertigen, aussagekräftigen Exposés, in denen Sie eine adäquate, leicht emotionale Objektbeschreibung einbringen, die auch noch mit herausragenden Objektfotos unterstrichen und mit Zahlen, Daten, Fakten abgerundet wird, sind Ihre Chancen, qualifizierte Objektanfragen zu erhalten, höher, als mit Exposés, die vielleicht gerade einmal ein Bild enthalten mit den Worten „tolles Objekt, alles Weitere telefonisch" als gesamte Objektbeschreibung. Sie denken jetzt, solche Exposés gibt es nicht? Ich verspreche Ihnen, ich habe diese schon gesehen.

Eine *Objektbeschreibung* sollte also auf jeden Fall emotionalen Charakter haben, denn schließlich ist eine Immobilie Emotion, ein Ziel, ein Lebenstraum, ein Lebensgefühl. Es eignen sich an dieser Stelle gefühlvolle Beschreibungen, die den Leser dazu bringen, sich in dem noch nicht besichtigten Objekt schon jetzt heimisch zu fühlen. Die Objektbeschreibung ist somit das Herzstück Ihres Exposés. Greifen Sie gerne bei Ihren Objektbeschreibungen in die Trickkiste der Adjektive und der adverbialen Bestimmungen, mit denen Sie monoton klingende Sätze zum Leben erwecken.

Beispiele

- Über das Wohnzimmer erreichen Sie Ihre mit mediterranen Fliesen gestaltete Südterrasse, die zum entspannenden Sonnenbaden an Sommertagen und auch zu gemütlichen Stunden bei einem Gläschen Wein an lauen Abenden einlädt.
- Das großzügig geschnittene Schlafzimmer ist für Sie mit einem edel wirkenden Laminatboden ausgelegt, der in Komposition mit den Pastelltönen der Wände eine sehr angenehme Wärme und ein Wohlfühlen ausstrahlt. Hier lässt sich das Land der Träume schnell erreichen.
- Für die kälteren Tage oder romantische Abende steht im Wohnzimmer ein moderner Kaminofen, der nur darauf wartet, Sie mit einem behaglichen Feuer wärmen zu dürfen.
- Das mit dunklem Laminat ausgelegte Schlafzimmer sorgt aufgrund des guten Schnittes für eine angenehme, ruhige Atmosphäre.
- Die optimale Größe Ihrer neuen hell gefliesten Küche bietet Ihnen ausreichend Platz zum Stellen Ihrer Einbauküche und eines kleinen Esstisches. So können Sie neben dem ausgiebigen Speisen im Esszimmer auch hier mal eine kleine Mahlzeit einnehmen, wenn es mal wieder schnell gehen muss.

Neben der Objektbeschreibung haben Sie mit einer Lagebeschreibung die Chance, Ihrem vermakelnden Objekt einen besonderen Schliff zu verpassen. Wichtig für die meisten Käufer ist das Umfeld, in das sie investieren werden. Somit ist es von elementarer Bedeutung, was sich in direkter Nachbarschaft befindet. Befinden sich in der Nähe Einkaufsmöglichkeiten, die man fußläufig erreichen kann? Wo sind die nächsten Ärzte und Apotheken? Wie weit ist es für die Kinder zum Kindergarten, Grundschule und zu den weiterführenden Schulen? Gibt es Bus- und Bahnanbindungen in der Nähe? Wie lange braucht man bis in die nächste Großstadt, zur nächsten Autobahnauffahrt, zum nächsten Flughafen? Auch ist interessant, ob sich das Objekt in einer ruhigen Anliegerstraße, einer wenig befahrenen Spielstraße oder an einer gut befahrenen Hauptverkehrsstraße befindet.

Das Thema *Energieausweis* darf ebenfalls in keinem Exposé fehlen. In meinen gedruckten Exposés, die ich nach Besichtigungen in gebundener Form an die Interessenten übergebe, ist der Energieausweis mit seinen wichtigsten Seiten immer eingedruckt enthalten.

Bei den Insertionen in Onlineportalen ist zwingend darauf zu achten, dass alle wichtigen Angaben mit anzeigt werden. Hier eignet es sich im Insertionsbereich „Sonstiges" die Mindestdaten separat einzupflegen.

Mangelhafte Informationen werden dank der lieb gewonnenen Abmahngruppen und Abmahnanwälten gerne gegen eine Kostennote aufgezeigt. Achten Sie also auf die folgenden Angaben, um Ihr eigenes Portemonnaie zu schützen:

- Art des Energieausweises
- Energieklasse
- Energiebedarf/Energieverbrauch
- Hauptenergieträger
- Heizungsart
- Baujahr

Eine beispielhafte, derzeit richtige Angabe der Energieausweiskenndaten könnte also wie folgt erfolgen:

- Energieausweis: Verbrauchsausweis
- Energieklasse: B
- Kennwert: 134,3 kWh/m²a
- Hauptenergieträger: Gas
- Heizungsart: Gas-Zentralheizung
- Baujahr: 2000

5.2   Zeitungsinserat

Das Zeitungsinserat ist der Klassiker unter der Vermarktung einer Immobilie. Über die Zeit der letzten Jahre, in der das Medium Internet einer der Hauptakteure im Vermarktungsbereich wurde, dünnt das Potenzial der Zeitungsinserate in den regionalen Tageszeitungen immer mehr aus. Hier behaupte ich, spielt sich nur noch eine Prestigewerbung ab, mit der sich ein Makler noch ein klein wenig von seinen Mitbewerbern abheben kann. Frei nach der Aussage: „Schau lieber Eigentümer; wir nutzen alle Medien der Vermarktung!".

Verstehen Sie mich bitte nicht falsch. Auch ich mag Zeitungsinserate, doch sollten sie ausgewählt platziert werden. So ist es sinnvoll, eine Arztpraxis im Ärzteblatt zu inserieren, eine Reitanlage in Reitereifachzeitschriften und Hotels, Pensionen und Gaststätten in Gastronomiezeitungen. Hier sprechen Sie auf jeden Fall direkt Ihre Zielgruppen an und haben mit Zeitungsinseraten die größten Chancen und Erfolge.

5.3 Onlineportale

In den letzten Jahren hat sich der Vermarktungsmarkt stark gewandelt. So genießen es Kauf- und Mietinteressenten zu jeder Zeit, eher über das Medium „Internet" das Marktangebot von Immobilien über PC, Tablet oder Smartphone in kurzer Zeit abrufen zu können. Natürlich sind Zeitungsannoncen immer noch gefragt, doch eine Zeitung ist aufgrund geringer Immobilieninformationen schnell durchgeblättert. Der Kauf- und Mietinteressent von heute genießt die Bequemlichkeit, abends auf der Couch mit dem Partner bei einem Glas Wein den Online-Immobilienmarkt zu durchforsten. Auch in der Mittagspause während der Arbeitszeit ist mal schnell nach einer Immobilie gesucht und eine Anfrage an den Makler abgeschickt. Diese Bequemlichkeit haben Internetfirmen erkannt und umgesetzt.

Die verschiedensten Immobilien-Onlineportale sind mittlerweile das Hauptvermarktungsmedium von Verkaufs- und Mietobjekten. Unter den derzeitigen Top-Anbietern im Internet finden wir zum Beispiel: immoscout24.de, immonet.de, immowelt.de, immobilien.de, myimmo.de, ohne-makler.net, immopool.de, immoweb.de, kalaydo.de, immo4trans.de und viele weitere, gerade auch regionale Portale.

Diese Onlineportale bieten Ihnen die Möglichkeit, Ihre zu vermarktenden Objekte über einfache Benutzermasken online zu inserieren, um damit einen möglichst großen Interessentenkreis über das Internet zu erreichen. Diese Benutzermasken sind mittlerweile so weit ausgereift, dass mit der Eingabe aller Daten Sie anstatt einer einfachen Zeitungs-annonce mit ein paar Zeichen ein komplettes aussagekräftiges Exposé erstellt haben. Sehr viele Onlineportale bieten Ihnen als Service, Ihr persönlich online erstelltes Exposé auch ausdrucken zu können. Sollten Sie keine eigenen Exposés erstellen, können Sie diese ebenfalls für Ihre Arbeit optimal nutzen.

Im absoluten Vorteil gegenüber der Zeitungsvermarktung mit Insera-ten bieten die Onlineportale ein hohes Maß an Informationen und Bil-dern des zu vermarktenden Objektes für die Kauf- und Mietinteressenten. So kann der Interessent mit nur wenigen Klicks und geringem Zeitauf-wand das Angebot prüfen. Für Sie der klare Vorteil, dass schon im Vor-wege ein großer Anteil an Interessenten sich selber ausselektiert. Rück-blickend auf das Zeitalter der ausschließlichen Zeitungswerbung gab es einen hohen Zeitaufwand an Besichtigungen und einen großen spür-baren Verlustanteil an Interessenten, denn schließlich gab es in den Zeitungsinseraten nur knappe Informationen und meist keine Bilder.

Mit verschiedensten Preis- und Gestaltungsmodalitäten haben Sie die Möglichkeit, über die Onlineportale einzelne Inserate oder auch Pakete mit unterschiedlicher Stellplatzanzahl zu buchen. Bitte beachten Sie bei den Buchungen, dass hier meist Laufzeit gebundene Stellplatzbuchungen vorgenommen werden. Verträge mit Laufzeiten von mindestens zwölf Monaten sind keine Seltenheit. Über die normalen Stellplatzbuchungen hinaus besteht die Option über Zusatzgebühren Top-Listings, besondere Hervorhebungen oder auch Logoplatzierungen zu buchen, die Ihr Ob-jekt optimal platzieren sollen. So hat Ihr Interessent die Chance, Ihr Ob-jekt schon mit wenigen Klicks zu entdecken. Allerdings lohnt sich vor Abschluss einer Sonderbuchung die Überprüfung, an welcher Stelle Ihr Objekt jetzt schon auftaucht. Schnell kann eine Sonderbuchung auch nur zum Vorteil des Onlineportals werden, um deren eigenen Gewinne zu steigern.

Ein weiterer Vorteil, der für die Vermarktung über Onlineportale spricht, ist die überregionale Präsentation Ihrer Objekte. Während Sie bei einer Zeitungsannonce meist Ihre Interessentenzielgruppe über den Ver-teilerradius eine bestimmte Region festlegen, erreichen Sie mit der Im-mobilienbewerbung in Onlineportalen Ihre Interessenten über das Medium Internet sogar weltweit. Die Chance, den richtigen Interessenten in kurzer Zeit zu finden, erhöht sich über die weltweite Vermarktung ungemein.

Der Nachteil auf der anderen Seite liegt klar auf der Hand. So schön das Medium des Internets mit dem Einbringen und Abrufen von Informationen ist, so bietet es auch einer speziellen Berufsgruppe die Möglichkeit, Ihnen als Makler genau auf die Finger zu gucken und falsche oder unterlassene Angaben bei Ihnen mit einer Kostennote abzumahnen. Die Bewertung über Sinn und Unsinn dieser Abmahnungen werden wir an dieser Stelle unterlassen. Es kann Ihnen an dieser Stelle nur angeraten werden, alle Informationen des Objektes vor Insertion genauestens zusammenzutragen und zu sondieren. Zudem sollten Sie peinlichst auf die Pflichtangaben achten, um mögliche Abmahnpotenziale zu minimieren. Wie schon in dem Abschn. 5.1 *Exposé* erwähnt, sind gerade die Angaben zum Energieausweis ein gefundenes Fressen. Auch bei den Provisionsangaben ist genau darauf zu achten, dass die richtige Formulierung gewählt wird. Falsche Formulierungen wären: *Käuferprovision: 2000 EUR zuzüglich MwSt.* oder *Käuferprovision 4 % des Kaufpreises zuzüglich MwSt.* Diese Formulierungen sind nur bei Geschäften unter Unternehmern gerade noch akzeptabel. Möchte ich allerdings auch Geschäfte mit einem Verbraucher tätigen, muss die MwSt. in der ausgewiesenen Maklerprovision enthalten sein. Eine bessere Formulierung wäre also: *Käuferprovision: 2380 EUR inkl. gesetzl. MwSt.* oder *Käuferprovision: 4,76 % des notariell beurkundeten Kaufpreises inkl. MwSt.*

> **Mein Tipp**
>
> Überprüfen Sie Ihre Onlineinserate lieber einmal mehr, bevor Sie diese veröffentlichen!

5.4 Virtuelle 360-Grad-Rundgänge

Auch ein Medium der Moderne sind die virtuellen 360-Grad-Rundgänge. Einige wenige Anbieter haben sich für Sie darauf spezialisiert, Ihnen und Ihren Interessenten das virtuelle Begehen Ihrer zu vermarktenden Objekte zu ermöglichen. Hierbei nutzen Sie in der Vorbereitung eine Kamera auf Stativ mit zwei Objektiven, die mit einem Schnappschuss ein 360-Grad-Panoramabild erstellt. Sie platzieren das Stativ mit Kamera inmitten des Raumes, der fotografiert werden soll. Nach Verlassen des Raumes lösen Sie per Fernsteuerung mit einer App auf Ihrem Smartphone die Kamera aus. Prompt nach dem Auslösen wird das geschossene 360-Grad-Bild von der Kamera auf Ihr mit der Kamera synchronisiertes Smartphone übermittelt. Sie können also sofort das erstellte Panoramabild überprüfen. Ist es misslungen, einfach wiederholen, bis Sie von Ihren 360-Grad-Bildern überzeugt sind. Nachdem Sie in Ihrer Fotosession alle Räume und Außenmotive des Objektes abgearbeitet haben, haben Sie die Möglichkeit, per App auf Ihrem Smartphone oder später im Büro am Computer per Online-Software Ihre virtuelle 360-Grad-Besichtigung zu erarbeiten.

Absoluter Vorteil an den virtuellen 360-Grad-Rundgängen ist die Möglichkeit, Ihren Interessenten vorab eine Onlinebesichtigung zu bieten. So schaffen Sie es, keine unnötigen Vor-Ort-Besichtigungen durchführen zu müssen.

Durchdacht an diesem System ist auch die mögliche Vergabe von Passwörtern und Login-Daten für die virtuelle Innenbesichtigung, sodass Sie eine volle Kontrolle über die Interessenten haben, die sich auf den virtuellen Rundgang Ihrer zu vermarktenden Immobilie begeben. Parallel können Sie dadurch auch den Eigentümer vor einem Besichtigungstourismus direkt in seiner Immobilie schützen.

5.5   Home Staging

Aus den USA kommend, ist Home Staging ein noch recht junger Berufszweig, der sich seit Anfang der 90er-Jahre beginnend, so langsam in Deutschland mittlerweile etabliert hat. Im Grunde genommen ist das System altbekannt. Zahlreiche Musterhausparks haben das Home Staging schon immer angewendet.

Ich kenne kaum ein Musterhaus, das durch leere, kahle, nicht beleuchtete Räumlichkeiten Käufer überzeugen will und kann. Musterhäuser sind grundsätzlich immer ein wenig heimisch eingerichtet. So kann sich der Kaufinteressent ein besseres Bild über sein neues Eigenheim machen. Er sieht, wie das Objekt voll eingerichtet wirkt und kann sich das Wohnen in diesem Objekt dadurch besser vorstellen. Bauträger wissen eben: „Die Augen und der Bauch kaufen mit!"

Zerlegen wir einmal den Begriff Home Staging, finden wir Home für Heim oder auch Zuhause und Stage für Bühne vor. Das häufig schon „leere" Zuhause wird im wahrsten Sinne des Wortes aufgemöbelt, um mehr Interessenten anzuziehen. Bei noch möblierten Wohnungen werden im Ablauf des Home-Staging-Prozesses häufig sogar Entrümplungen vorgenommen, die Wohnung auch schon einmal in neutralen Farben komplett neu gestrichen und die vorhandenen Möbel umgestellt, sodass ein angenehmes Wohnflair entsteht. Gerne wird auch mit Lichteffekten gearbeitet, um eine heimische Behaglichkeit auszustrahlen. In komplett leeren Wohnungen können zudem gemietete Möbel und geliehene Wohnaccessoires wie Vasen, Bilder, Lampen, sowie selbst Kinderspielzeug eingesetzt werden, um der Immobilie einen neuen Charme zu verpassen. Dem Kaufinteressenten wird somit eine bewohnte Wohnung vorgeführt.

Das Home Staging soll die Verkaufszeiten nachweislich reduzieren und zudem die Verkaufserlöse um bis zu 15 % steigern können.

Seit 2010 gibt es in Deutschland einen eigenen Berufsverband für Home Stager, um diesen Beruf weiter in den Markt zu etablieren.

5.6   E-Mailing an Bestandskontakte

Kommen wir an dieser Stelle zu Ihren geheimen und meist auch ungeborgenen Schätzen, den Bestandskontakten. Der Großteil der Makler akquiriert laufend neue Objekte, bereitet sie auf, bewirbt die Objekte im Internet und wartet auf Anfragen von Interessenten, in der Hoffnung, den richtigen Käufer zu finden. Spannend dabei ist, dass alle anderen Interessenten, die sich gegen das beworbene Objekt entscheiden, meist im Papierkorb anstatt in einer Datenbank landen.

Machen Sie einen guten Job, sind Ihre Interessenten auch mit Ihrer Maklertätigkeit zufrieden. Somit sind diese Interessentenkontakte, die noch nicht bei Ihnen gekauft oder gemietet haben, trotzdem bares Geld wert.

Kurzum, es gibt immer Situationen, in denen Sie neue Objekte zugetragen bekommen oder auch einmal neue Objekte suchen. Hier lohnt sich ein Blick in Ihre Interessentendatenbank, um die gesammelten Kontakte über neue Objekte in Ihrem Bestand zu informieren oder tatsächlich auch dieselben Kontakte in Ihre Objektsuche mit einzubeziehen. Eine E-Mail zu schreiben kostet ein klein wenig Zeit. Den Mailingtext zu kopieren, dann immer wieder einzufügen, geht recht schnell und das Porto geht gegen null. Was spricht dagegen, dass ein Interessent für ein Einfamilienhaus Ihnen einen Kontakt zu einem Eigentümer verschafft, der eine Wohnung, ein Grundstück oder gar ein Mehrfamilienhaus verkaufen will. Hier reden wir ganz einfach von einem reinen Beziehungsmanagement, an dem Sie arbeiten sollten.

Auf der anderen Seite können Sie auch einen monatlichen Newsletter einrichten, in dem Sie Ihre Kontakte aus Ihrer Datenbank über Neuigkeiten aus Ihrem Objektbestand, den Immobilienneuigkeiten aus der Region oder über allgemeine Immobilienthemen informieren, um einfach nur Kontakt zu halten. So bleiben Sie im Gespräch und zudem sorgen Sie für eine Kundenbindung. Anhauen, Umhauen und Abhauen ist keineswegs zeitgemäß, war es nie und wird es nie sein. Jeder Kunde möchte umworben werden. Vielleicht versteckt sich unter dem einen oder anderem Kontakt sogar ein Wiederholungstäter.

> **Fazit**
>
> E-Mail-Marketing ist kostengünstiges Marketing, um Bestandskontakte zu festigen.

5.7 Flyer verteilen im Umfeld – vor und nach Vermarktung

Über das Thema Flyer haben Sie im Kap. 2 Objekt- und Kundenakquise schon ausführlich gelesen. In diesem Teil betrachten wir das spezielle Objektmarketing, um über eine Spezial-Flyeraktion im direkten Umfeld der Immobilie Kauf- oder Mietinteressenten zu finden. Häufig kommt es vor, dass Käufer oder Mieter einer Immobilie aus dem nahen Umfeld kommen, weil Sie dort schon Ihren Lebensmittelpunkt haben und sich nur räumlich verändern wollen. Auf der anderen Seite werden aus dem direkten Umfeld der Nachbarn zwischendurch Immobilien auch an Freunde und Bekannte empfohlen, weil diese schon seit Längerem den Wunsch haben, dichter beieinander zu wohnen.

Dies wissend, motiviert den Profi unter den Maklern das direkte Umfeld einer Immobilie über die Vermarktung zu informieren. Sie entscheiden den Radius des Umfeldes natürlich selbst, doch empfehlenswert ist mindestens ein 250-Meter-Radius um das Objekt herum. Entwerfen Sie einen kurzen informativen Flyer mit den wichtigsten Eckdaten des Objektes, der das Umfeld über das zu vermarktende Objekt in der Nachbarschaft informiert und lassen Sie diesen drucken.

Zwei Dinge werden Sie mit der Vor-Flyeraktion erreichen: Zum einen gewinnen Sie mit Glück Ihren Kauf- oder Mietinteressenten, und zum anderen steigern Sie Ihren Bekanntheitsgrad, denn man wird über das Objekt und Sie im Umfeld des Objektes reden.

Die Zeit geht, das Objekt auch. Doch was nun? Akte schließen und auf zu neuen Ufern?

> **Mein Tipp**
>
> Schlachten Sie Ihren Erfolg aus und teilen Sie Ihren Erfolg dem Umfeld des Objektes mit.

Starten Sie kurz nach der erfolgreichen Vermarktung mit der Nach-Flyeraktion. Mit dieser Aktion informieren Sie dasselbe Umfeld über Ihren Erfolg. Wenn Sie die Vermarktung Ihrerseits auch noch einigermaßen schnell durchführen konnten, sollten Sie diese Anzahl an Tagen oder Monaten ebenfalls auf diesen Flyer drucken lassen, damit Ihrer Arbeit durch die kurze Vermarktungszeit ein höherer Wert zugeschrieben wird.

Zwei Dinge werden Sie mit der Nach-Flyeraktion erreichen: Sie steigern auf jeden Fall weiterhin Ihren Bekanntheitsgrad, denn man wird über Ihren Vermarktungserfolg im Umfeld des Objektes reden. Zum andern haben Sie eine Chance, über Ihren Erfolg neue Objekte zu bekommen. Die Anwohner in diesem Gebiet wissen, dass Sie es schaffen, in diesem Stadtteil Objekte erfolgreich zu vermitteln. Sie haben es ja schon bewiesen.

> **Fazit**
>
> Doppelt genäht hält besser!

5.8   Open-House-Veranstaltungen

Die Open-House-Veranstaltung, also der *Tag der offenen Tür*, ist eine Vermarktungsstrategie der besonderen Art. Zum einen genießt sie eine gute Vorbereitung und zum anderen benötigt sie eine professionelle Durchführung.

Im Ergebnis erwarten Sie zwei grandiose Effekte. Auf der einen Seite ist es Ihre Chance, mit kurzem Besichtigungszeitaufwand potenzielle Interessenten zu gewinnen, während Sie auf der anderen Seite bei schlechter Frequentierung sofort mit dem Verkäufer das Ergebnis reflektieren können, um der schlechten Frequentierung auf den Grund zu gehen. Liegt es an der Lage, an dem Objekt, an einem Sanierungsstau oder sogar an dem „Wunschpreis"?

Doch fangen wir bei der Vorbereitung an. Was gilt es zu beachten? Wie erstellen Sie sich einen optimalen Ablaufplan, um eine professionelle Open-House-Veranstaltung durchzuführen?

- Zwischen Vorbereitung und Durchführung sollten mindestens vier Wochen liegen. Jetzt fragen Sie sich zu Recht: Warum mindestens vier Wochen? Nun ja, Sie sollten planen, im Umfeld Flyer zu verteilen oder in umliegenden Geschäften des täglichen Bedarfs Flyer auszulegen. Diese müssen meist auch noch entworfen, gedruckt und verteilt werden. Das Layout samt Druck nimmt in der Regel zwei Wochen in Anspruch.
- Die Verteilung sollte circa 14 Tage vor Ihrem Open-House-Termin liegen, damit sich Ihre geplante Veranstaltung natürlich auch im Umfeld der Immobilie herumspricht. Also Woche 1 Entwurf des Flyers erstellen lassen, der die Open-House-Veranstaltung bewerben soll, Woche 2 geben Sie den Flyerentwurf spätestens in den Druck, sodass Ihnen die Flyer zum Ende der Woche 2 in gedruckter Form vorliegen.

- Am Beginn von Woche 3 beginnen Sie mit der gezielten Verteilung in einem mindestens 500-m-Radius rund um die zu verkaufende Immobilie. Zudem lassen Sie ein Nasenschild oder ein Galgenschild entwerfen, das Sie zu Beginn der Woche 3 am Objekt anbringen. Das Nasenschild oder Ihr Galgenschild sollte die Informationen „Open-House", Veranstaltungstag und Zeitraum enthalten. So schaffen Sie es, zusätzliche Aufmerksamkeit im direkten Umfeld des Objektes zu erregen. Jeder Nachbar, jeder Spaziergänger, jeder Autofahrer, der an diesem Objekt vorbeikommt, wird auf die Open-House-Veranstaltung aufmerksam.

- Nutzen Sie zugleich das Vermarktungspotenzial Ihrer Internetportale, in denen Sie die Immobilie möglicherweise schon inseriert haben. Verweisen Sie in der Überschrift Ihrer Anzeige auf die Open-House-Veranstaltung mit den Informationen: „Open-House, am XX.XX.XX, XX.XX Uhr – YY.YY Uhr." Jetzt haben Sie wieder etwas Ruhe für die anderen wichtigen Alltagsaufgaben, denn die Werbezeit arbeitet nun für Sie.

- Sie sind erst wieder zwei Tage vor der Open-House-Veranstaltung für weitere Vorbereitungen gefragt. Jetzt heißt es für Sie Kurzexposés und Besichtigungsnachweise drucken, genügend Kugelschreiber und Visitenkarten beiseitelegen und für das leibliche Wohl am Tage der Veranstaltung zu sorgen. Es gilt: Getränke wie Wasser, Kaffee, Tee und Saft, Kondensmilch und Zucker, Kekse und Kuchen, sowie Plastikbecher, Plastiktassen, Plastiklöffel, Servietten zu besorgen. Natürlich denken Sie als Profi auch an Mülleimer und gelbe Säcke für den anfallenden Müll.

Eine informative Muster-Checkliste für Ihre Open-House-Veranstaltungen finden Sie in Kap. 11.

Schlüsselfragen für Ihren Erfolg

- Welche Vermarktungsstrategien nutze ich schon?
- Welche Vermarktungsstrategien will ich zukünftig intensiver nutzen?

6

Besichtigungen

Zusammenfassung Wie bereiten Sie Ihre Besichtigungen am besten vor, führen diese professionell durch und bereiten sie mit Kundenbindungsinstrumenten nach? Das Herzstück Ihrer Arbeit wird in diesem Kapitel genauestens durchleuchtet.

Wie bereiten Sie Ihre Besichtigungen am besten vor, führen diese professionell durch und bereiten sie mit Kundenbindungsinstrumenten nach? Das Herzstück Ihrer Arbeit wird in diesem Kapitel genauestens durchleuchtet.

In dieses Kapitel steigen wir mit der Schilderung einer Besichtigung ein, die dieses Jahr, also im April 2016, tatsächlich so stattgefunden hat. Diese Erfahrung wurde von meiner eigenen Schwester und meinem Schwager bei der Suche einer Drei-Zimmer-Mietwohnung gemacht. Also ein realer Fall, der sich in einer Kleinstadt mit knapp 80.000 Einwohnern zugetragen hat. Teilnehmende Personen an dieser Besichtigung sind meine Schwester, mein Schwager, vier weitere Mietinteressenten und die Maklerin. Den Ort und die Namen lasse ich an dieser Stelle bewusst weg.

© Der/die Autor(en), exklusiv lizenziert durch Springer Fachmedien Wiesbaden GmbH, ein Teil von Springer Nature 2021
O.-D. Helfrich, *Erfolgsstrategien für Immobilienmakler*,
https://doi.org/10.1007/978-3-658-35683-5_6

Es ist ein leicht regnerischer Tag, meine Schwester, mein Schwager und zwei weitere Mietinteressenten warten unter dem leichten Unterstand der Haupteingangstür eines Mehrfamilienhauses aus Mitte der 60er-Jahre mit insgesamt sechs Wohneinheiten.

Leicht verspätet kommt eine Frau die Straße entlanggelaufen, das Desinteresse des Lebens ihr ins Gesicht geschrieben. Kurzum, ein Lächeln und die Begeisterung am Job sehen anders aus. Die Begrüßung der vier wartenden Interessenten fällt kurz aus: „Sie sind wegen der Wohnung hier? Da fehlen aber noch welche. Dann warten wir mal noch ein paar Minuten." Kein Hallo, keine Vorstellung, keine Begrüßung per Handschlag, nichts.

Das vermisste Pärchen kommt samt kleinem Hund nach kurzer Zeit um die Ecke herum, die Straße entlang mit direktem Ziel auf das Mehrfamilienhaus. Die Maklerin kann sich die Worte: „Die sehen ja aus" gegenüber den schon anwesenden Mietinteressenten nicht verkneifen. Sie spricht das Pärchen mit dem kleinen Hund direkt vor allen anderen an: „Der ist ja süß, soll der mit einziehen?" Das neue Pärchen bejaht die Frage. Die Makler antwortet in einer leicht schnippischen Art: „Dann können Sie gleich wieder gehen. Hier kommt kein Hund rein", dreht sich ab und den anderen vier Interessenten wieder zu.

Die Maklerin schließt ohne einen Ton, ohne den Ablauf der Besichtigung zu erläutern, die Haupteingangstür auf, steigt die Treppenstufen hinauf, vor der Wohnungstür im 2. Obergeschoss auf meine Schwester, meinen Schwager und die zwei weiteren übrig gebliebenen Mietinteressenten wartend.

Die Wohnungstür wird aufgeschlossen und die Maklerin erlaubt noch in einem leicht genervten Tonfall den Hinweis: „Dann gucken Sie sich mal um und die Schuhe ordentlich abtreten, nicht, dass Sie hier Dreck reintragen."

Sie selbst, ohne die Wohnung kurz zu beschreiben oder auf die Lage der einzelnen Räume einzugehen, steuert direkt den Weg ins Wohnzimmer an, stellt sich dort ans Fenster, die vier Mietinteressenten keines Blickes mehr würdigend.

Nach ein paar Minuten hören meine Schwester und meine Schwager die Stimme der Maklerin aus dem Wohnzimmer, mit den Worten, wer sich für die Wohnung interessiere, könne sich bei ihr die Fragebögen abholen.

Nach dem Rundgang durch die Wohnung bewegen sich meine Schwester und mein Schwager im Wohnzimmer direkt auf die Maklerin zu. Und da passiert es! Meine Schwester wagt es die Maklerin anzusprechen, obwohl die Wohnung doch für sich selber spricht. Meine Schwester erdreistet sich, die immer noch leicht genervt wirkende Maklerin zu fragen, ob es in der Wohnung Kabelanschluss oder SAT-Anschluss gebe. *Das war's! Jetzt ist genug! Schicht im Schacht! Ende Gelände! Aus die Maus. Was bildet sich dieses Mieterpack überhaupt ein!* So oder ähnlich müssen die Gedanken durch den Kopf der Maklerin gekreist sein. Die Antwort kam prompt, genervt und mit zickigem Unterton, dass sie, als Maklerin, so etwas ja wohl nicht wissen müsse, das sei ja wohl Mietersache.

Im selben Augenblick entschieden sich meine Schwester und mein Schwager gegen die Maklerin und auch gegen die Wohnung, verabschiedeten sich, machten auf dem Absatz kehrt und verließen kopfschüttelnd die Wohnung.

Lieber Leser, schlimm daran ist die Tatsache, dass wir hier nicht von einem Einzelfall sprechen. Massenbesichtigungen in Großstädten mit Warteschlangen an den Objekten, unfreundliche Makler, Tür-aufschließ- und Tür-zu-schließ-Makler, all das ist an der Tagesordnung in Deutschland.

Wofür ich Sie sensibilisieren möchte, wofür ich Sie motivieren will, ist die Erkenntnis, Dienstleister zu sein, mehr Service als der Maklerdurchschnitt zu bieten. Seien Sie besser als die Makler, die dieses Buch nicht lesen. Sie, lieber Leser, haben mit dem Kauf des Buches die Entscheidung getroffen, an sich zu arbeiten, sich Anregungen zu suchen, um besser zu werden und zu sein. Für diesen Anspruch, den Sie an sich selber stellen, ziehe ich den Hut und gebe Ihnen im Folgenden Anregungen, damit Ihre Besichtigungen besser sind, als die Besichtigungen der Makler einer bekannten Immobilienmakler-Doku-Soap im Privatfernsehen.

Wir durchleuchten in diesem Kapitel die Vorbereitung, die Durchführung und die Nachbereitung von Besichtigungen. Steigen wir jetzt voll ein.

6.1   Vorbereitung

Über Ihre Vermarktung einer Immobilie, der Bewerbung einer Wohnung erhalten Sie in der Regel Anfrage von Interessenten, die sich dann augenscheinlich für das angebotene Objekt interessieren. An dieser Stelle können Sie als Makler die Interessenten schon vorselektieren, um unnötigen Besichtigungstourismus zu vermeiden. Klären Sie also bei der Abstimmung eines möglichen Besichtigungstermins gleich ab, welche Kriterien die Interessenten an eine Immobilie stellen. Fragen Sie ganz direkt: *„Frau/Herr Interessent, was muss die Immobilie alles können, damit Sie sagen, das ist die richtige Immobilie?"* Und hier ein Tipp aus der Verkaufspsychologie. Die ersten beiden Kriterien sind eher oberflächlich genannte Dinge. Fragen Sie also weiter. Fragen Sie: *„Was muss die Immobilie noch erfüllen? … Und was noch?"* Meist kommen erst ab der dritten Stelle die Kriterien, die den Interessenten wirklich am Herzen liegen, die wirklich entscheidend sind.

Somit erfahren Sie schon im ersten Telefonat, was den Interessenten wichtig ist. Notieren Sie also deren Schwerpunkte, denn wenn Sie Glück haben, ist der sogenannte „rote Knopf" schon dabei. Der „rote Knopf" ist der wichtigste Punkt, das wichtigste Kriterium, das die Interessenten von einer Immobilie überzeugen wird.

Haben Sie mehrere Anfragen, mehrere Interessenten für ein Objekt, legen Sie alles daran, dass die Besichtigungstermine am gleichen Tag liegen und aufeinanderfolgend sind, sodass sich die unterschiedlichen Interessenten sinnbildlich ausgedrückt, sich die Klinke in die Hand geben. So zeigen Sie den Interessenten, dass eine Nachfrage besteht. Sie erzeugen im Unterbewusstsein dadurch das Gefühl der Verknappung. Die Interessenten wissen, dass es dieses Objekt nur einmal am Markt gibt und geben wird. So erschaffen Sie einen unterschwelligen Druck, schnellere Entscheidungen treffen zu müssen.

Lassen Sie jeden Interessenten für sich alleine besichtigen. Räumen Sie also jedem seinen eigenen Zeitrahmen zu. Bei Mietwohnungen reichen meist 20–30 min, bei Häusern zur Miete mindestens 30 min und bei Kaufobjekten sollten Sie zwischen 45 und 60 min je Besichtigung je nach Größe des Objektes einplanen.

Am Tage der Besichtigung packen Sie ordnungsgemäß Ihren Werk-
zeugkoffer. Neben dem Distanzmesser, dem Baufeuchtegerät und den
Einwegschuhen haben Sie natürlich auch den Objektordner dabei, um
tiefer gehende Fragen beantworten zu können, ein Exposé für jeden Interessenten und einen Besichtigungsnachweis, auf dem Sie sich alle wichtigen rechtlichen Dinge bestätigen lassen, um Haftungsfallen im Anschluss
zu vermeiden. Bei Mietobjekten können Sie die auszuhändigenden Exposés mit einer Selbstauskunft und einer Vorvermieterbescheinigung
ergänzen.

6.2 Durchführung

Seien Sie unbedingt vor den ersten Interessenten an der Immobilie, wenn
möglich sogar in der Immobilie. So haben Sie vor dem Besichtigungs-
ansturm die Möglichkeit, das zu vermakelnde Objekt abzugehen, um die
Kleinigkeiten des Lebens zu überprüfen. Ist gelüftet? Wenn nein, kurz
nachholen. Sind die Badezimmer im ordentlichen Zustand und die
Toilettendeckel auch unten. Nichts ist schlimmer als in eine offene Toi-
lette zu gucken und alte Bekannte begrüßen zu müssen. Stehen in der
Küchenspüle noch dreckige Teller mit Essensresten? Falls ja, fragen Sie
nach, ob man diese mit einem Handtuch abdecken könnte. Kein Interessent möchte die Essenreste des Vortages der Noch-Bewohner sehen. Denken Sie immer daran, dass Auge kauft mit. Leiten Sie gegebenenfalls die
Noch-Mieter, die Verkäufer einer Immobilie an, störende Kleinigkeiten
beiseite zu räumen, um ein angenehmes Wohnbild zu vermitteln.

Gehen Sie vorab die Immobilie ab. Lernen Sie die Immobilien unbedingt vorher kennen, sodass Sie die Aufteilung genau kennen, wissen,
wo die Ecken und Kanten des Objektes sind. Überlegen Sie sich einen
genauen Ablauf Ihrer Besichtigungstour durch das Objekt. Jeder gute
Tourführer im Urlaub, jeder Besichtigungsguide bei Städtetouren,
Schlossbesichtigungen, Museumsführungen macht es ähnlich. Er kennt
seinen Rundgang. Er weiß, was er zu welchem Zeitpunkt anspricht und
was er noch ansprechen wird. Vor Ihrer ersten offiziellen Besichtigung
kennen Sie Ihre Führung, Sie kennen den Großteil des Textes. Klar ist,
dass es bei Ihren Führungen immer individuelle Abweichungen geben

wird, denn jeder Besichtigende ist anders, jeder hat andere Wünsche, Bedürfnisse und Schwerpunkte. Kennen Sie diese aus der Vorbereitung auf Ihre Besichtigung, können Sie schon bei der Begrüßung individuell auf Ihre Interessenten eingehen.

> **Fazit**
>
> 15 min vor der Zeit, ist des Immobilienmaklers Pünktlichkeit!

Empfangen Sie die Interessenten mit einem Lächeln auf den Lippen, sprechen Sie die Interessenten mit Namen an und stellen Sie sich vor. Haben Sie den Namen Ihrer Interessenten beim ersten Mal nicht gleich verstanden, fragen Sie ruhig nach. Geleiten Sie die Interessenten durch das Objekt. Ihre Besichtigung ist eine Führung, eine Aufführung, ein Theaterstück, das von der Begrüßung bis zur Verabschiedung spielt. Lassen Sie sich während der Besichtigung die Führung niemals aus der Hand nehmen. Sie sind schließlich der Immobilienmakler, Sie kennen die Immobilie, also leiten Sie auch den Rundgang. Sollten Sie mal Besichtigende haben, die einfach drauf los schreiten, die Immobilie selber erkunden zu wollen, bremsen Sie diese sofort ab. Dies können Sie zum Beispiel mit den Worten: *„Vorne Halt! Ich führe Sie! Ich muss mir mein Geld ja auch schließlich redlich verdienen! Sie haben mich ja für heute gebucht!"* Diese Worte sollten Sie natürlich spaßig, mit einer gewissen Ernsthaftigkeit rüberbringen. Bleiben Sie dabei unbedingt authentisch, denn sonst machen Sie sich zum Obst und werden im Folgenden von den Interessenten nicht mehr ernst genommen. Zeigen Sie also gleich zu Beginn, wer Chef im Ring ist, sollten Sie mal auf dominantere Interessenten treffen.

Der absolute Vorteil gegenüber grauenvollen Massenbesichtigungen liegt also klar auf der Hand. Sie können sich voll auf Ihre Interessenten konzentrieren und mit Ihnen kommunizieren. Lernen Sie die Menschen kennen. Wer sind sie? Was machen sie? Warum wollen sie gerade hierherziehen?

Punkten Sie mit den schon erworbenen Informationen aus dem Vortelefonat. *„Liebe Frau Interessent, lieber Herr Interessent, Sie sagten ja schon beim Telefonat, dass Ihnen neben einem Tageslichtbad auch eine geräumige*

*Küche und ein Schlafzimmer mit Ostausrichtung wichtig seien. Wenn ich
mich richtig erinnere, war auch noch unbedingt ein Balkon gewünscht,
oder?"* In diesem Moment werden Sie in leuchtende Augen und verwirrte
Gesichter blicken, denn kaum ein Makler merkt sich die Infos aus Vor-
gesprächen.

Wenn Sie noch einen drauf setzen wollen, fragen Sie nun: *„Sind ihnen
auf dem Weg hierher noch andere Dinge eingefallen, was dieses Objekt erfüllen sollte, damit wir ins Geschäft kommen?"*. Interessieren Sie sich für die
Bedürfnisse Ihrer Kunden, denn die Bedürfnisse Ihrer Interessenten werden die Kaufentscheidung maßgeblich beeinflussen.

Wenn die Feinheiten, die Bedürfnisse geklärt sind, beginnen Sie Ihre
Führung. Erzählen Sie über das Objekt und lassen Sie Ihre Interessenten
an Ihren Ausführungen teilhaben. Binden Sie Ihre Interessenten in Ihre
Aufführung ein. Sie führen schließlich nicht nur durch die Immobilie,
sondern Sie führen auch durch Fragen. Holen Sie sich kleine Be-
stätigungen ab. Fragen Sie, ob die Größe der Küche ausreichend ist. Fragen Sie, ob deren Möbel auch in das Wohnzimmer passen, ob der Schnitt,
die Farben gefallen.

So bekommen Sie mit ein bisschen Übung ein Gefühl, ob Sie bei diesen Interessenten auf dem richtigen Weg sind, oder doch eher auf dem
Holzweg. An dieser Stelle gestatten Sie mir auf jeden Fall den wichtigsten
Hinweis überhaupt. Bei Besichtigungen, bei denen Sie mit einem Pärchen, einem Ehepaar oder einer ganzen Familie besichtigen, tritt die gol-
denste aller Verkaufsregeln in Kraft. Beachten Sie immer, dass in 95 %
der Besichtigungen die Frau das Haus kauft, die Frau die Wohnung mie-
tet. Die weiblichen Leser unter Ihnen wissen sofort, was ich meine. Für
die Männlichen unter Ihnen, die nun ein wenig ins Stocken geraten, lie-
fere ich hier das Bild. Sie, lieber männlicher Leser, gehen mit Ihrer Freundin, Ihrer anvertrauten Ehefrau in spe oder Ihrer schon gewonnenen
Ehegattin auf Wohnungssuche, auf Hauskaufsuche. Sie begeben sich also
gemeinschaftlich auf eine Erkundung nach Ihrer neuen Behausung,
Ihrem neuen Nest, Ihren neuen vier Wänden. In einem Objekt Ihrer Begierde, liebe Herren der Schöpfung, sehen Sie schon an den skeptischen
Blicken Ihrer Frau: „Hier kriegst du mich im Leben nicht rein!" Wie groß
ist jetzt noch Ihre tatsächliche Chance, dass dies Ihr neues gemeinschaft-
liches Heim wird? Ich behaupte, die Chance geht gegen null. Will Ihre

Anvertraute dort mit Ihnen nicht leben, ist die Besichtigung hier zu Ende. Egal, wie sehr Ihnen dieses Objekt gefällt. Es wird auf keinen Fall Ihr neues Heim.

Anderes Objekt, ähnliche Situation: Sie denken sich, was für ein Objekt, der Architekt muss doch getrunken haben, als er das entworfen hat. Was hat den Bauherrn denn hier bloß geritten? Ein Blick zu Ihrer Frau um sich die Bestätigung zu holen, doch gucken Sie, liebe Herren, in zwei strahlenden Diamanten, die Ihnen sagen: „Hier lass uns endlich unsere Familie gründen. Schatz, das ist es!". Seien wir ehrlich zueinander, die leuchtenden Augen Ihrer Lebenspartnerin lassen Sie mit Wärme erfüllen. Sie werden nun alles dafür geben, Ihre Freundin, Ihre Lebenspartnerin, Ihre Ehefrau glücklich zu machen. Sie erfüllen ihr den Traum vom neuen „Nest".

Achten Sie, lieber Immobilienmakler, also auf Ihre Interessenten, achten Sie besonders auf die Blicke, Gestik und Mimik der Frauen. Mit ein bisschen Gespür und Übung entdecken Sie, ob Sie mit dem vorgeführten Objekt punkten können oder nicht.

Natürlich neigt sich auch die beste Führung durch ein Objekt irgendwann dem Ende zu, doch wie geht man am professionellsten auseinander? Ob im Stehen am Eingang oder im Sitzen an einem Tisch im Wohnzimmer, Esszimmer oder im Garten, fassen Sie die Besichtigung zusammen, wiederholen Sie die Ecken und Kanten, die den Interessenten aufgefallen sind und arbeiten Sie die Highlights noch einmal auf. Gehen Sie vor allem in genau dieser Reihenfolge vor. Arbeiten Sie sich von den Ecken und Kanten zu den Highlights hinauf und auf keinen Fall umgekehrt. Das zuletzt Gesprochene bleibt häufig am Stärksten in der Erinnerung. Geben Sie danach einen Ausblick auf den kommenden Ablauf. Wie geht es weiter? Ein, zwei Nächte schlafen, Rückmeldung an Sie, Ablauf einer Zweitbesichtigung, bei der die Interessenten die Chance haben, in jede kleine Ecke des Gebäudes zu gucken. Erläutern Sie, wann in etwa eine Entscheidung fallen sollte. Bei Mietobjekten, welche Unterlagen auszufüllen und beizubringen sind, damit man auch eine gute Chance auf einen Mietvertrag hat.

Übergeben Sie zudem ein aussagekräftiges Exposé, damit Ihre Interessenten auch eine adäquate Entscheidungsgrundlage zu Hause haben und nicht wie die meisten Interessenten grübeln müssen, „Wie war das denn noch, was der Makler gezeigt hat? Erinnerst du dich noch, wo das Bad war? Hatte das überhaupt ein Fenster?"

Mit der Übergabe eines guten Exposés heben Sie sich schon deutlich vom Durchschnitt der Makler ab. Zudem vermeiden Sie es, potenzielle Interessenten zu verlieren. Wenn sich die Interessenten auch gegen dieses Objekt entscheiden sollten, ist die Chance dagegen recht groß, dass sich diese Interessenten für Sie als Makler entscheiden.

6.3 Nachbereitung und Zweitbesichtigung

Die Nachbereitung beginnt im Grunde genommen für Sie nach der Erstbesichtigung. In den meisten Fällen erwartet der Eigentümer von Ihnen eine kurze Resonanz über die gelaufenen Besichtigungen, um auch die Bestätigung Ihrer Tätigkeit damit zu bekommen. Sehr viele Makler, die von Eigentümer Haus- oder Wohnungsschlüssel erhalten, glauben dem Eigentümer, dem Vermieter erst Rede und Antwort stehen zu müssen, wenn Sie einen Käufer oder Mieter gefunden haben oder sogar erst in der Situation, wenn der Eigentümer Ihnen den Auftrag entziehen will. Vermeiden Sie Konfliktsituationen, indem Sie Ihren Auftraggeber in regelmäßigen Abständen über Ihre Tätigkeit informieren. Zum einen sieht Ihr Auftraggeber, also der Verkäufer oder der Vermieter, dass Sie Ihre Aufgabe ernst nehmen und sich ins Zeug legen und zum anderen haben Sie viel bessere Verhandlungsmöglichkeiten, sollte es zu einer Kaufpreisreduzierung bei Verkaufsobjekten, Mietpreisreduzierung bei Mietobjekten oder auch zu Leistungserweiterungen bei Mietobjekten kommen. Jetzt fragen Sie sich wahrscheinlich zu Recht, was meint er mit Leistungserweiterungen, wenn doch die Mietwohnung drei Zimmer, Küche und Bad hat, ist ja wohl schlecht ein viertes Zimmer möglich und der Mietpreis, sowie die Kaution stehen doch auch fest. Mit Leistungserweiterungen meine ich an dieser Stelle zum Beispiel die Erneuerung von Bodenbelägen oder auch die Renovierung seitens des Vermieters anstatt seitens des Neumieters. Und ja, auch die Schaffung eines vierten Zimmers aufgrund der Größe und des Schnitts einer Wohnung kann auch schon einmal möglich sein. Ein Hoch auf den Leicht- und Trockenbau, denn dieser lässt Wunder in einer Wohnung bewirken.

Gehen wir nun auf die Nachbereitung der Interessenten ein, die bei Ihnen die Erstbesichtigung genießen durften. Nach zwei bis drei Tagen greifen Sie einfach zum Telefon und spielen einmal Mäuschen. Als Redensart bedeutet „Mäuschen spielen" so viel wie „heimlich zuhören". Schließlich wollen Sie doch, dass die Interessenten für Sie einfach aus dem Nähkästchen plaudern, wie Ihnen denn die Immobilie gefallen hat, wann Sie sich denn gemeinsam für eine zweite Besichtigung treffen wollen, um das Objekt in aller Ruhe mal in jeder Ecke, in jeder Nische inspizieren zu wollen.

Dieser Anruf bietet Ihnen zwei Chancen. Die erste Chance liegt klar auf der Hand und heißt: Zweitbesichtigung! Die zweite Chance liegt darin, dass Sie erfahren, welche Ecken und Kanten es für eine Entscheidung noch gibt, oder ob die Immobilie überhaupt nicht infrage kommt. Bei den Ecken und Kanten können Sie möglicherweise sofort reagieren, um diese für die Interessenten rundzumachen und damit doch die zweite Besichtigung herausholen zu können.

Bei den meisten Maklern ist schon nach der Information, dass das besichtigte Objekt nicht infrage kommt, Feierabend und das Telefonat am Ende. Doch der kundenorientierte Makler fängt nun erst richtig an. Wenn „Kunden glücklich machen" eines Ihrer Ziele sein sollte, kommt hier Ihre zweite richtige Chance, den Kunden zu halten. Fragen Sie an dieser Stelle nun noch einmal explizit nach den Wünschen der Interessenten, erkundigen Sie sich noch einmal, was denn eine Immobilie alles können muss, damit die Interessenten sagen: „Wow, das ist die Immobilie, die wir gesucht haben!"

Notieren Sie sich alle wichtigen Informationen und Sie haben die Möglichkeit, den Immobilienmarkt zu durchstöbern, sofern Sie das Wunschobjekt nicht im Bestand haben sollten. Fragen Sie ruhig bei Maklerkollegen und Mitbewerbern an, ob Kooperationsgeschäfte gewünscht sind. Ihr Kollege, Ihr Mitwerber hat das Objekt, Sie bringen den Wunschinteressenten. Teilen Sie doch einfach einmal in solchen Fällen die Provision. Sie erzielen drei Effekte: Ihr Kunde ist glücklich, sein Traumobjekt durch Sie gefunden zu haben, der Maklerkollege oder gar Ihr Mitbewerber ist glücklich, das Objekt vermakelt zu haben und Sie dürfen auch glücklich sein, denn Sie haben zumindest 50 % der Provision verdient, anstatt den Interessenten verloren zu haben. Denken Sie immer daran: Lieber 50 % vom Kuchen abbekommen, als hungrig nach Hause gehen zu müssen!

Doch kommen wir zurück zu unserem Telefonat, das Sie tatsächlich mit dem Termin der Zweitbesichtigung beenden. Die Zweitbesichtigung steht, heute geht es um die Wurst. Bei der Zweitbesichtigung sorgen Sie für ein angenehmes Umfeld. Sorgen Sie dafür, dass sich Ihre Interessenten in dem Objekt der Begierde wohlfühlen. Ihre Interessenten sollten auf keinen Fall unter Zeitdruck stehen, geschweige denn von Ihnen unter Druck gesetzt werden. Druck sorgt möglicherweise nur für schnelle Entscheidungen, die nach einer Nacht der Ruhe wieder revidiert werden. Also letztendlich für Sie rausgeschmissene Zeit und ein verbrannter Kunde.

Zeigen Sie Ihren Interessenten die Immobilie in der Zweitbesichtigung in aller Ruhe. Bieten Sie an, dass die Interessenten ganz auf sich alleine gestellt, das Objekt besichtigen können. Sie selbst stellen sich einfach nur als Antwort-Coach an deren Seite, sofern Fragen auftreten. Ihre Interessenten müssen an diesem Tag ein Gefühl für die Immobilie entwickeln. Ob Kauf oder Miete, Ihre Interessenten müssen die Aura der Immobilie, die Ausstrahlung jedes einzelnen Raumes wahrnehmen. Die meisten von Ihnen, liebe Leser, haben spätestens jetzt den Eindruck, dass bei mir ein paar Gehirnwindungen verbrannt sind. Doch mal im Ernst, wie viele Entscheidungen trifft der Mensch aus dem Bauch heraus und wie viele Entscheidungen aus dem Rationellen? Täglich treffen wir Entscheidungen und jetzt Hand aufs Herz, bei wie vielen Entscheidungen gehen Sie nach Ihrem Empfinden, nach Ihrem Bauchgefühl, also hören einfach auf Ihr Unterbewusstsein? Nun wissen Sie, was ich meine. Bei einer eigen genutzten Immobilie habe ich noch keinen Interessenten erlebt, der ein Objekt nur aufgrund der optimalen energetischen Ausstattung, nur aufgrund einer ausreichenden Anzahl an Steckdosen oder auch nur aufgrund des guten von dem Makler vorgerechneten Preis-Leistungsverhältnisses gekauft hat. Es geht um Wohnflair, Behaglichkeit, optimaler Zimmeraufteilung gepaart mit sehr gut gepflegter Ausstattung, dem Gefühl der Freiheit, der Unabhängigkeit, sein „eigener Herr" zu sein, dem Gefühl, im Bademantel aus der Tür gehen zu können, um die Zeitung zu holen, ohne dass die Nachbarn einen kritischen Blick werfen. Es geht einfach um ein sehr gutes Gefühl, dem Glänzen oder Strahlen in den Augen. Erzeugen Sie diese Gefühle, vermakeln Sie auch Immobilien!

Holen Sie sich zum Abschluss der Zweitbesichtigung ein „Ja" oder „Nein" ab! Sollten es auf ein „Jein" hinauslaufen, erfragen Sie, was fehlt, woran es liegt, und was noch benötigt wird, um eine Entscheidung treffen zu können. Erfragen Sie, wie sich Ihre Kauf- oder Mietinteressenten den weiteren Ablauf, die weitere Unterstützung vorstellen und von Ihnen auch wünschen. Klopfen Sie abschließend den Nachfolgetermin zwecks weiterer Abstimmung oder auch Kaufpreisverhandlung ab.

Schlüsselfragen für Ihren Erfolg

- Was mache ich in meinen Besichtigungen schon gut?
- Was kann ich besser machen?

7

Kaufvertrag und Mietvertrag

Zusammenfassung Dieses Kapitel begleitet Sie durch einen kompletten Verkaufsprozess. Sie erhalten Einblicke in die Möglichkeiten Ihrer Vorbereitung und des Ablaufs am Tage des Beurkundungstermins bis hin zur Unterschrift auf dem Kaufvertrag und die Zeit bis zur Objektübergabe. Zudem erhalten Sie Hilfestellungen für die Vorbereitung, Nachbereitung und verbale Ausschmückung des Termins der Mietvertragsunterzeichnung.

Dieses Kapitel begleitet Sie durch einen kompletten Verkaufsprozess. Sie erhalten Einblicke in die Möglichkeiten Ihrer Vorbereitung und des Ablaufs am Tage des Beurkundungstermins bis hin zur Unterschrift auf dem Kaufvertrag und die Zeit bis zur Objektübergabe. Zudem erhalten Sie Hilfestellungen für die Vorbereitung, Nachbereitung und verbale Ausschmückung des Termins der Mietvertragsunterzeichnung.

In diesem Kapitel kommen wir zu den Teilen, die dafür Sorge tragen, dass Sie mit Ihrer Arbeit auch Geld verdienen: Kaufvertrag und Mietvertrag. Da meiner Ansicht nach dieser Teil mindestens genauso wichtig ist wie die Objektaufnahme, die Vermarktung und die Besichtigungen

© Der/die Autor(en), exklusiv lizenziert durch Springer Fachmedien Wiesbaden GmbH, ein Teil von Springer Nature 2021
O.-D. Helfrich, *Erfolgsstrategien für Immobilienmakler*,
https://doi.org/10.1007/978-3-658-35683-5_7

davor, werden wir uns in diesen Abschnitten ebenfalls mit der Vorbereitung, der Durchführung und der Nachbereitung beschäftigen. Beginnen wir mit Ihrem „Gesellenstück", dem Notarvertrag.

7.1 Der notarielle Kaufvertrag

7.1.1 Vorbereitung

Sie haben es bis hierher geschafft. Sie haben eine Immobilie erfolgreich aufgenommen, Sie haben eine gute Performance in der Präsentation dargelegt, hervorragende Besichtigungstermine durchgeführt und tatsächlich ist ein Interessent besonders hartnäckig geblieben und besteht auf das Kaufen der von Ihnen präsentierten Immobilie. Sie haben es nicht geschafft, diesen Kunden zu vergraulen, müssen nun in den sauren Apfel beißen und den erfolgreichen Abschluss einspielen.

Mit der Beauftragung eines Notares entstehen für den Käufer meist die ersten Kosten. Zumindest, wenn der Käufer vor der eigentlichen Unterschrift auf dem notariellen Kaufvertrag doch noch von dem Kauf zurücktreten sollte, hat er in der Regel die Kosten für den Vertragsentwurf zu tragen. Notare haben da so ihre Eigenart. Im Gegensatz zu Ihnen als Makler, der für alles in Vorleistung tritt, lässt sich ein Notar seine Dienstleistung bezahlen. Und diese Dienstleistung beginnt mit der Erstellung eines Kaufvertragsentwurfes. O.K., betrachten wir es etwas genauer. Es ist nicht unbedingt der Käufer, dem der Notar den Entwurf in Rechnung stellt, falls der Beurkundungstermin abgesagt wird, sondern der Auftraggeber bekommt den Entwurf in Rechnung gestellt. Dies sind dummerweise in den meisten Fällen Sie als Makler.

Genauso eine Situation habe ich im Jahre 2006 erlebt. In der Funktion des Maklers beauftragte ich einen Notar in Hildesheim zur Erstellung eines Kaufvertragsentwurfes. Fünf Tage vor dem Beurkundungstermin platzte der Notartermin. Zwei Wochen später erhielt ich eine Rechnung über knapp 300 EUR über die Erstellung eines Kaufvertragsentwurfes mit der Begründung, dass ich diesen ja auch in Auftrag gegeben hatte. Erfahrung macht bekanntlich klug! So habe ich für diese Situationen ein eigenes Formular entwickelt, um für die Zukunft diese Art der Fehlerquellen auszuschließen. Dienstleistung hin oder her, doch für Schäden, die Dritte verursachen, trete ich nicht auch noch ein. Dieses Formular „Kauf einer Immobilie" finden Sie in Kap. 11. Ich möchte an dieser Stelle explizit darauf hinweisen, dass dieses Formular keinen Anspruch auf Rechtssicherheit bietet, sondern eher auf: „Wer schreibt, der bleibt!".

Dieses Formular dient dazu die wichtigsten Daten von Käufer, Verkäufer und Objekt zu erfassen, um dem zu beauftragenden Notar Vorarbeit zu leisten. Mit diesen Daten kann der Notar den Kaufvertragsentwurf erstellen.

Den Kaufvertragsentwurf lassen Sie sich als Makler vorab per E-Mail übersenden. So haben Sie die Chance den Kaufvertragsentwurf in aller Ruhe durchzusehen, etwaige Fehler schon berichtigen zu lassen, bevor der Entwurf an die beiden Parteien per Post versendet wird.

Haben alle Parteien den Kaufvertragsentwurf per Post erhalten, bieten Sie einen gemeinsamen Termin zur Durchsicht an, bei dem alle relevanten Personen zusammenkommen, um die einzelnen Passagen vor Ort mit allen Parteien durchzugehen. So schaffen Sie es, dass mögliche Missverständnisse, Fehler und Änderungswünsche schon vor dem eigentlichen Beurkundungstermin besprochen und gegebenenfalls aus dem Weg geräumt werden können. Nichts ist schlimmer, als dass beim Beurkundungstermin Änderungswünsche einer Partei auftreten, zu denen sich die andere Partei eine Bedenkzeit erbittet und der Beurkundungstermin abgebrochen und verschoben werden muss. Durch Ihre professionelle Vorarbeit kann es nur noch in den seltensten Fällen zu Komplikationen bei dem Beurkundungstermin kommen.

Fazit

Eine gute Vorbereitung vermeidet in 95 % der Fälle das Platzen des Beurkundungstermins.

7.1.2 Notartermin

Der Notartermin oder auch der Beurkundungstermin ist der Tag der Entscheidung. An diesem Tag unterschreibt der Verkäufer beim Notar, dass er seine Immobilie verkauft und dafür einen Kaufpreis in bestimmter Höhe erhält. Der Käufer hingegen unterschreibt, dass er die Immobilie kauft und dafür den Kaufpreis in genannter Höhe für die Immobilie bezahlt. Grundsätzlich recht einfach. Im Alltag gehen wir zum Supermarkt um die Ecke, nehmen einen Joghurt aus dem Kühlregal und legen ihn an der Kasse auf das Kassenfließband. Die Kassiererin scannt den Joghurt und nennt den Preis. Wir bezahlen den Preis, nehmen den Joghurt mit und er ist unser. Bei beweglichen Sachen ist der Kaufprozess recht simpel, bei unbeweglichen Sachen, also Grundstück en und darauf errichteten Immobilien, gibt es im Bürgerlichen Gesetzbuch (BGB) geregelte Formvorschriften. So muss für den Kauf eines Grundstückes, den Kauf einer Immobilie unter Anwesenheit beider Parteien die Auflassung vor einem Notar erklärt werden. Die Auflassung ist der zuvor beschriebene Kaufprozess. Der Verkäufer erklärt beim Notar, dass er das Eigentum an seinem Grundstück, seiner Immobilie aufgibt und der Käufer erklärt, dass er das Eigentum an diesem Grundstück, dieser Immobilie erwirbt (§ 925 BGB i. V. m. § 873 BGB). Auch dieser Teil ist noch recht einfach, doch es wird im Notarvertrag noch einiges drum herum geregelt, damit der eigentliche Kauf- und Übertragungsprozess ohne große Komplikationen durchgeführt werden kann.

Doch dazu gleich mehr. Wichtig für Sie als Makler ist es, dass Sie die Verkäufer- und die Käuferpartei vernünftig auf diesen Tag vorbereitet haben, dass alle wichtigen Fragen vor dem Beurkundungstermin geklärt wurden und Sie beide Parteien zu dem Notartermin begleiten. Ein großer Teil der Makler verzichtet schon auf diesen Begleitprozess. Und ja, in der Grundsätzlichkeit haben diese Makler Recht, denn der Makler an sich vermittelt ja nur den Kontakt zwischen den Parteien, der zum erfolgreichen Abschluss eines notariellen Kaufvertrages führen soll. Meiner Ansicht nach ist das noch die „alte Schule". Die „neue Schule", dessen neue Zeitalter schon längst angebrochen ist heißt: *Service, Dienstleistung und Unterstützung.* Sie wollen auf lange Sicht erfolgreicher sein als Ihre Mitbewerber? Sie wollen regelmäßig weiterempfohlen werden, um den Beruf des Immobilienmaklers nachhaltig ausüben zu können? Dann seien Sie doch eine kleine Oase in der „Servicewüste: Deutschland". Ich persönlich glaube, dass wir ein Service-Wunderland sind, denn bis auf das Verprügeln lässt sich der Deutsche in diesem Land mittlerweile alles gefallen. Seien Sie einer der Immobilienmakler, der diese Komfortzone der „alten Schule" verlässt, brechen Sie auf zu neuen Ufern, steigern Sie Ihre Dienstleistung und bieten Sie Service bis zur Oberkante der Unterlippe.

Ihre Kunden danken es Ihnen schon am Tage des Notartermins, denn im Gegensatz zu den meisten Ihrer Kunden wissen Sie wie ein Beurkundungstermin abläuft. Somit sind Sie für Verkäufer und Käufer der Ruhepol und Ansprechpartner. Sie sind schließlich der Profi!

Ein notarieller Kaufvertrag hat je nach Notar, je nach Inhalt zwischen zehn und 20 Seiten. Das Schlimme daran sind die juristischen Formulierungen darin, die ein Laie kaum versteht. So werden neben der Auflassung auch der Übergang von Nutzen und Lasten geregelt, der Umgang mit Anlieger- und Erschließungsbeiträgen formuliert, Passagen bezüglich der Eintragung von Grundpfandrechten des Käufers in das Grundbuch des Verkäufers eingefügt und ganze Abschnitte Rückabwicklungsklauseln und Schadenersatzansprüchen gewidmet. All das wird auf bis zu 20 Seiten geregelt. Sind Sie Laie, ist der Kaufvertrag für Sie ein Dschungel aus rechtlichen Formulierungen. Deshalb ist es meiner Ansicht nach schon grob fahrlässig, wenn Sie auf das gemeinsame Durcharbeiten des Entwurfes mit Verkäufer- und Käuferpartei vor dem eigentlichen Beurkundungstermin und die Begleitung zum Beurkundungstermin verzichten. Verstehen Sie mich nicht falsch, Sie sollen keine juristische Beratung vornehmen, sondern lediglich gemeinsam mit Käufer und Verkäufer im Vorhinein den Inhalt auf Fragen durchgehen. Doch zurück zu unserem Notartermin.

Nach Verlesung des Kaufvertrages und der Unterzeichnung seitens beider Parteien kommt es in einigen Fällen zu einem unbehaglichen Magengefühl bei den Verkäufern und auch mal bei den Käufern. Innerlich wird sich gefragt, ob mit der Unterschrift die richtige Entscheidung getroffen wurde, wie es jetzt weitergeht und was passiert, wenn es Komplikationen gibt.

Da Sie als Immobilienmakler wissen, dass diese innerlichen, nie offen angesprochenen Fragen in den Köpfen der Parteien rumschwirren, nutzen Sie die Gunst der Stunde um die Stimmung zu heben und gratulieren den Parteien zu dem erfolgreichen neuen Schritt im Verkaufs-/Kaufprozess. Erläutern Sie, dass mit dem heutigen Tag nur ein weiterer Schritt erledigt wurde und jetzt noch ein paar weitere bis zur Kaufpreiszahlung und Übergabe folgen werden. Jetzt fallen die ersten Steine vom Herzen, denn nun nimmt das Gewicht des Beurkundungstermins etwas ab. Verkäufer und Käufer erkennen, dass nun noch weitere Arbeit ansteht, dass noch Aufgaben zu erledigen sind. Lassen Sie je nach Sympathie den Beurkundungstermin doch etwas sanfter ausklingen und laden Sie die Parteien auf ein Getränk in ein Café oder eine gemütliche Bar ein, um die nächsten Schritte gemeinsam zu besprechen. Sie erreichen dadurch ein gutes Gefühl bei Ihren Kunden und die Anspannung wird durch das gemeinsame in lockerer Runde Zusammensitzen gelöst. Alle gehen die Nacht dann doch eher gelassen als angespannt schlafen.

7.1.3 Nachbereitung

Zwischen der Unterschrift auf dem notariellen Kaufvertrag durch die Verkäufer- und die Käuferpartei und der Kaufpreiszahlung, sowie der Übergabe des Objektes liegt meist ein Zeitraum von vier bis zwölf Wochen. Es gibt sogar Fälle, da reden wir von einem Zwischenraum von bis zu sechs Monaten. Eine Zeit, in der Sie als Immobilienmakler zwei Möglichkeiten haben.

Die erste Möglichkeit ist die Variante, die am deutschen Immobilienmaklermarkt am häufigsten auftritt. Der Immobilienmakler schreibt seine Rechnung, wartet auf den Zahlungseingang und verhält sich mucksmäuschenstill. Ein Großteil war nach dem Notartermin auch gar nicht mehr gesehen. Nur der Eingang der Rechnung über die Maklerprovision lässt sich als Lebenszeichen gerade so werten. Meiner Ansicht nach ist dies die niederste aller Varianten, doch es ist ja auch nur meine Ansicht. Aufgrund der Tatsache, dass diese Variante sehr häufig in der Realität zu erleben ist, kann es auch eine der besten Varianten sein. Ich will mich mit meiner Sichtweise da nicht zu weit aus dem Fenster lehnen, doch empfinde ich diese Art als Arbeitsabschluss der Immobilienmaklertätigkeit eher unglücklich. Ich behaupte sogar, dass Kunden, die Sie bis zum Notartermin weiterempfohlen hätten, jetzt vielleicht das Aussprechen einer Empfehlung nochmals überdenken werden.

Kommen wir deshalb gleich zu der zweiten Variante, um Ihnen die Möglichkeit der eigenen Abwägung zu bieten, welcher Weg der zukünftige in Ihrer Arbeit werden wird.

Die Zeit zwischen dem Beurkundungstermin und der Übergabe scheint für die meisten Verkäufer und die meisten Käufer schier endlos, und das, obwohl es in dieser Zeit viel zu tun und zu regeln gibt.

Umzüge müssen vorbereitet werden, Entrümpelungen durchgeführt, neue Möbel im Einrichtungshaus ausgewählt und bestellt werden, die neue Einbauküche ausgesucht, vermessen und gekauft werden, sofern sie nicht mit der Immobilie zusammen übernommen beziehungsweise abgegeben wird. Zudem gilt es noch die restlichen Bankangelegenheiten zu klären, die Kinder möglicherweise bei Kindergärten oder Schulen um- oder anzumelden.

Auch das Notariat arbeitet im Hintergrund dieses Prozesses. Das Notariat kümmert sich um die Eintragung einer Auflassungsvormerkung im Grundbuch, die Einholung der Löschungsbewilligungen der Gläubigerbanken, das Bestellen der neuen Grundschulden, das Anschreiben der Gemeinde, ob auf das Vorkaufsrecht verzichtet wird und das Einholen der Verkaufsbewilligung eines Hausverwalters, wenn dies notwendig ist. Wenn Sie übrigens ganz großes Glück haben, muss noch ein Erbpachtgeber dem Verkauf zustimmen, falls Sie eine Immobilie auf einem Erbpachtgrundstück haben. Hier kann es zu Zeitverzögerungen kommen, wenn es sich bei dem Erbpachtgeber um eine Gemeinde oder Kirche handelt. Wir wissen, die Verwaltungsmühlen mahlen ab und an etwas langsamer. Zuerst muss schließlich durch eine Verwaltung die Zuständigkeit geprüft werden. Ist man nicht zuständig, antwortet eine Verwaltung dies dem Notar gerne ohne Angabe der eigentlichen zuständigen Stelle. Klingt lachhaft, doch es ist schon mehr als einmal passiert. Eine andere Situation war die Zuständigkeit einer Kirchengemeinde, bei der die Pastorin gerade ihren dreiwöchigen Urlaub machte und die Post für diese Zeit somit unbeantwortet blieb. O.K., nach der Rückkehr aus dem Urlaub vergingen zwei weitere Wochen, denn schließlich hat eine Pastorin ja auch terminliche Verpflichtungen und die gesamte Post muss ja auch erst einmal aufgearbeitet werden. Glücklicherweise erhielt der Notar nach geschlagenen fünf Wochen von der Pastorin zumindest die Rückmeldung, wer für diesen Erbpachtfall zuständig ist.

Und hier, lieber Leser, kommen Sie als Makler wieder ins Spiel, hier können Sie unterstützend tätig sein. Sie machen sich zum Bindeglied zwischen Notar, Verkäufer und Käufer und halten zu allen regelmäßigen Kontakt und informieren die Parteien über den jeweiligen Zwischenstand beziehungsweise Fortschritt. Übernehmen Sie ruhig den Part des Koordinators. Sie kennen schließlich alle Abläufe aus der Erfahrung Ihrer Tätigkeit heraus. So erreichen Sie, dass alle Parteien immer auf dem Laufenden sind und somit keine Unruhe oder Anspannung aufkommt. Führen Sie Verkäufer und Käufer behutsam durch die Übergangszeit zwischen Unterschrift beim Notar bis hin zum Übergabetermin. Beide werden es Ihnen danken, dass Sie die Extrameile gehen, dass Sie mehr tun als andere Immobilienmakler.

> **Fazit**
>
> Ein Makler ist auch ein Koordinator!

7.2 Der Mietvertrag

7.2.1 Vorbereitung

Sie haben in dem Ihnen anvertrauten Mietobjekt mehrere Besichtigungen durchgeführt und siehe da, ein Mietinteressent bekundet ein stärkeres Interesse an dem besagten Objekt. Jetzt könnten Sie an dieser Stelle sofort einen Mietvertrag einspielen und der Drops wäre gelutscht. Mieter gefunden, Mietvertrag unterzeichnet, Rechnung an den Vermieter gestellt, fertig, auf zu neuen Ufern. Doch Vorsicht, der Teufel liegt schließlich im Detail. Um einen guten Job zu machen, sind noch ein paar Feinheiten vor der Mietvertragsunterzeichnung zu beachten. Vielleicht erinnern Sie sich an die Horror-Dokus aus dem Fernsehen. Ich meine die beiden Mietpreller, die über die verschiedensten Fernsehsender durch

Deutschland touren und die angemietete Wohnung wie Dresden im Jahre 1945 hinterlassen. Und glauben Sie mir, es gibt Bilder, auf denen sah Dresden 1945 nicht wirklich schön aus. Das absolute Horror-Szenario für jeden Vermieter. Nicht umsonst stellen Vermieter immer die gleichen Fragen und wollen wissen, ob das auch ein seriöser Mieter ist, oder ob dieser Mieter in der Vergangenheit schon einmal Mietschulden hinterlassen und eine Wohnung demoliert hat.

Und ja, diese Mieter gibt es tatsächlich. Ohne Ihnen große Angst machen zu wollen, kann ich aus der Erfahrung von zwei Wohnungen sprechen, die in einem echt desolaten Zustand hinterlassen wurden.

Ein Mieter, der eine gut geschnittene Ein-Zimmerwohnung in Bad Nenndorf bewohnte, sorgte bei den Vermietern nach dem nicht angemeldeten Auszug ohne Übergabe für einen Schock und eine darauffolgende schlaflose Nacht. Beim Betreten der Wohnung trauten die Vermieter ihren Augen nicht. Im Wohnschlafzimmer stapelte sich der Müll, und das Badezimmer war nicht wiederzuerkennen. Postwendend mussten knapp 8000 EUR in die Wohnung investiert werden. Das komplette Badezimmer wurde saniert, eine Grundreinigung musste in der ganzen Wohnung durchgeführt werden und Küche, Wohnschlafraum, Bad, sowie der Flur mussten gestrichen werden.

Ein anderer Fall hat sich in dem kleinen Ort Letter, Nähe Hannover, zugetragen. Hier meinte ein Mieter, dass Stromrechnung zu bezahlen ein Mythos sei, bis dieser von den Stadtwerken abgestellt wurde. Nun könnte man natürlich die offene Stromrechnung begleichen, doch wozu gibt es Kerzen. Und selbst das Kochen geht doch auch im Wohnzimmer mithilfe eines Bunsenbrenners. Dazu schneidet man an großes Loch in den Teppichboden, um den blanken Estrich als gute, nicht entzündbare Unterlage zu haben, baut sich eine Kochvorrichtung über den Bunsenbrenner und los geht es mit dem Dosen erwärmen. Und wir alle wissen, wie lecker dicke Bohnen oder Ravioli aus der Dose schmecken. Ach ja, das Putzen und Lüften lag diesem Mieter auch nicht unbedingt im Blut. So schaffte er es, die vor Einzug durch den Vermieter geweißten Wände in einen leckeren dunkelgelben Farbton zu rauchen, was zudem für einen angenehmen Geruch in der Wohnung sorgte. Dieser wurde von dem Kaninchenkot ergänzt, welches er als Haustier hielt und aufgrund des Freiheitsdranges natürlich durch die Wohnung laufen durfte. Ich persönlich glaube sogar, dass der Geruch des Kaninchenurins noch etwas aggressiver in meiner Nase lag, als der des Rauches und des Kots. Letzten Endes musste die gesamte Wohnung komplett saniert werden. Der Schaden lag bei knapp 10.000 EUR.

Warum schreibe ich das? Natürlich können wir den Menschen nur vor den Kopf schauen. Da bin ich ja ganz Ihrer Ansicht. Doch besteht die Möglichkeit, die Fehlerquellen in Ihren Mieterentscheidungen etwas einzudämmen. Jede Hausverwaltung weiß das und lässt sich neben einer ausgefüllten Selbstauskunft auch eine Mietschuldenfreiheitsbescheinigung, die letzten drei Gehaltsabrechnungen und den dazu gehörenden Arbeitsvertrag vorlegen. Einige Hausverwaltungen setzen noch einen drauf und lassen sich eine Mieterbewerbung schreiben. Und damit meine ich eine tatsächliche Bewerbung. „Ich bewerbe mich auf die Wohnung XY und möchte diese Wohnung anmieten, weil …“ Ich gebe zu, ich musste schmunzeln und fand es etwas übertrieben, doch der Hintergrund sei besonders hochwertiges Mietklientel zu finden, was wohl aus dem Schreibstil ersichtlich sein soll.

Wofür ich Sie mindestens sensibilisieren will, ist das Ausfüllen lassen einer vernünftigen Selbstauskunft und das Überprüfen des Mietinteressenten über einen Bonitätscheck. Hierfür gibt es diverse gute Anbieter, die ich an dieser Stelle nicht erwähnen möchte, da ich in der Auflistung den einen oder anderen vergessen könnte, oder jemand anhand der Auflistung eine Rangfolgenbewertung vermuten könnte. Kleiner Tipp: Die Internetsuche macht einen Vergleich möglich.

Selbstauskunft und Bonitätscheck sollte Ihr Minimum der Prüfung sein. Bei höherpreisigen Wohnungen halte ich den zusätzlichen Gehaltsnachweis, sowie eine Mietschuldenfreiheitsbescheinigung ebenfalls für sehr sinnvoll, wobei kein Vorvermieter verpflichtet ist, eine solche Bescheinigung auszufüllen. Allerdings glaube ich, sofern Ihre Mitinteressenten mit Ihrem Vorvermieter ein gutes Mietverhältnis hatten, wird er Ihnen bei Ihrem neuen Mietverhältnis keine Steine in den Weg legen.

Fazit

Eine gute Vorarbeit sorgt für glückliche Mieter und Vermieter.

7.2.2 Mietvertragsunterzeichnung

Die Vorarbeit ist gelaufen. Wie es sich für einen Profi gehört, haben Sie einen guten Job gemacht. Mieter und Vermieter sind sich einig, ein gemeinsames Mietverhältnis einzugehen und wollen einen Mietvertrag schließen. Nun gibt es dazu verschiedenste Varianten in der Durchführung. Die für Sie einfachste, meiner Meinung nach allerdings unprofessionellste, Sie lassen Vermieter und Mieter damit alleine. *Die beiden sind ja alt genug und bekommen das auch schon selber hin,* so eine Äußerung eines Maklerkollegen. Ich guckte ihn an wie ein Auto, nur nicht so schnell. Meiner Ansicht nach war das: „Setzen, Sechs!". Eine zweite Variante, immer noch etwas unglücklich, doch manchmal nicht zu vermeiden, ist das Ausfüllen des Mietvertrages durch Sie als Makler und dem anschließenden postalischen Verschicken an die beiden Parteien zur Durchsicht und Unterschrift. Dieser Weg ist zwischendurch unumgänglich, gerade wenn eine zu große Distanz zwischen zukünftigem Mieter und dem Vermieter liegen. In der heutigen Zeit sollen berufliche Veränderungen oder berufliche Versetzungen schon mal dazu führen, dass ein Mieter aus München nach Hamburg ziehen muss, oder von Hannover nach Dortmund. In diesen Fällen kann es zu der Postversand-Variante kommen. Allerdings kann es von besonderem Vorteil sein, wenn sich Vermieter und Mieter vor Beginn des Mietverhältnisses wenigstens einmal in die Augen gesehen haben. Der gemeinsame Termin der Mietvertragsunterzeichnung eignet sich hervorragend für das Kennenlernen. Die Vorarbeit haben Sie ja schon geleistet, der richtige Mieter ist von Ihnen gefunden. Jetzt führen Sie beide bei der Mietvertragsunterzeichnung zusammen. Und ja, die Betonung lag auf „führen". Sie führen durch den gemeinsamen Termin, Sie sind Chef im Ring, Sie sind der Vermittler! Nun haben die meisten von Ihnen schon einmal einen Mietvertrag gesehen oder zumindest von jemandem gehört, der schon mal einen Mietvertrag gesehen hat. Diese Papiersammlung ist ja schon etwas komplexer und auch sehr theoretisch. Ich mag zu behaupten: in einem Anwaltsdeutsch geschrieben. Auch hier haben Sie zwei Varianten durch den Termin zu führen. Die einfachste, allerdings doch eher laienhafteste, ist das Ausfüllen, jedem ein Exemplar in die Hand zu drücken und von vorne bis hinten durchlesen zu lassen. Und falls Sie jetzt denken, dass sei doch nicht mein Ernst, sage ich Ihnen doch, es ist mein Ernst. Ich habe in der Vergangenheit schon Maklerkollegen erlebt, die den Mietinteressenten samt Mietvertrag alleine in einen Besprechungsraum gesetzt haben, mit den Worten: *„Hier ist Ihr Mietvertrag. Lesen Sie ihn sich in Ruhe durch. Wenn Fragen sind, ich bin nebenan."* Natürlich ist das auch einer der Wege, den Sie als Makler gehen können, doch entscheiden Sie selbst, ob es serviceorientiert ist, oder eher nicht. Sollten Sie diesen Weg als Option nutzen wollen, bieten Sie ihn an. Fragen Sie Ihren Mietinteressenten, ob er den Vertrag alleine durchgehen möchte, oder ob Sie den Mietvertrag gemeinsam durchsprechen wollen. So kann der Mietinteressent selber entscheiden, wobei er sich besser fühlt. Gleiches gilt natürlich auch für den Vermieter, wobei dieser sich von Ihnen bestimmt nicht so abspeisen lassen wird.

Haben Sie einmal einen stressigen Tag und tatsächlich keinen Bock auf das gemeinsame Vorlesen, könnten Sie aus der Nummer mit folgendem Satz rauskommen: *„Herr Mietinteressent, wahrscheinlich möchten Sie den Vertrag eher kurz alleine durchgehen, als dass ich Ihnen das jetzt alles vorlese, oder?"* Ihr Mietinteressent wird automatisch das alleinige Lesen vorziehen, denn er ist ja schon groß und braucht keinen Vorleser. Hier der zweite Satz, der Sie jetzt wieder gut dastehen lässt: *„Wenn allerdings Fragen auftreten sollen, kommen Sie zu mir rüber, ich bin gleich nebenan. Versprochen?"* Somit weiß Ihr Mietinteressent, dass Sie trotzdem für ihn da sind, und das obwohl er sich ja für das alleinige Lesen ausgesprochen hat.

Gehen wir nun gleich in die zweite Variante über, dem gemeinsamen Durchgehen eines Mietvertrages. Die Ausführungen über das richtige Ausfüllen eines Mietvertrages, das Eintragen von Daten des Vermieters, des Mieters, Mietobjekt, Mietbeginn, Mietzins, Nebenkostenvorauszahlung spare ich mir, denn diese sind ja wohl eher selbstredend. Einen Lückentext ausfüllen, sollten die meisten von uns in der Grundschule erfolgreich gelernt haben. Konzentrieren wir uns auf die gesamten Seiten der Mietbedingungen, die ja beim Lesen doch eher trocken erscheinen. Hier ist es an Ihnen, dem Termin der Mietvertragsunterzeichnung etwas mehr Pfeffer zu geben, also ein bisschen Leben in die trockenen Bedingungen zu bringen. Die Erfahrung hat gezeigt, dass beim stumpfen Vorlesen der Bedingungen, das Weiß in den Augen Ihrer Zuhörer mit jeder neuen Zeile weiter zunimmt, bis die Augen zufallen und Vermieter oder Mieter schlafend vom Stuhl rutschen. So ein Mietvertrag ist eher eine gute Lektüre in warmen Sommernächten, wenn man gegen 02:00 Uhr von der Hitze geplagt wach wird. Ein paar Zeilen im Mietvertrag lesen und das Einschlafen ist garantiert. Spaß beiseite. Wir alle haben gelernt, dass es nur trockene Redner oder trockene Sprecher gibt und keine wirklich trockenen Reden. Fast jedes Thema lässt sich entweder humorvoll oder spannend verpacken. Dies gilt auch für den Mietvertrag.

So gibt es einzelne Abschnitte und Passagen, die man erzählerisch ausmalt, anstatt diese stumpf vorzulesen. Betrachten wir uns also im Folgenden solche Abschnitte und die Art, wie Sie diese Passagen mit Leben erfüllen.

- **Abschnitt: Zentralheizung, Etagenheizung und Warmwasserversorgung**
  „Hier in diesem Objekt gibt es eine Gaszentralheizung, die auch für die Warmwasserversorgung zuständig ist (Beispielvariante). Zum einen wird dies von Ihrem Vermieter nach einem festen Satz von Grundkosten und Verbrauchskosten berechnet, zum anderen ist er auch zuständig, dass die Anlage funktioniert. Also, wenn Sie morgens eingeseift unter der Dusche stehen und es kommt kein Wasser mehr raus, oder es ist so, dass Sie möglicherweise Frostbeulen bekommen, informieren Sie Ihren Vermieter umgehend. Sie brauchen hier nicht frieren, Sie bezahlen hier Miete und haben Anspruch auf Heizung und Warmwasser."
- **Abschnitt: Benutzung der Mieträume und Untervermietung**
  „Die Mieträume haben Sie als Wohnung angemietet. So gilt es nicht, wenn Sie hier ab morgen Ihre Arztpraxis eröffnen oder rot leuchtende Herzen ins Fenster hängen, um hier Geld zu verdienen. Wohnen: ja, gewerbliche Nutzung mit Kunden: nein. Auch gilt es nicht, wenn Sie sich überlegen auf die Malediven zu ziehen, weil ein Holzhaus oder eine Bambushütte am Meer viel cooler ist und Sie hier an jemanden anderen einfach untervermieten, ohne dass Ihr Vermieter Ihnen das ‚O. K.‘ gegeben hat. Kurzum: Sie mieten hier und Sie wohnen auch hier."

- **Abschnitt: Außenantennen, Gemeinschaftsantennen, Kabelanschluss**

  „In diesem Objekt gibt es Kabelanschluss (Beispielvariante). Dieser ist in den Nebenkosten enthalten. Sie bringen also zusätzlich keine Schüssel auf Ihrem Balkon an, nur weil Ihnen jetzt ein Sender fehlt. Wenn das hier alle machen, sieht es irgendwann aus wie Kraut und Rüben. Es soll ja auch von außen ansehnlich bleiben."

- **Abschnitt: Tierhaltung**

  „Also grundsätzlich dürfen Sie Kleintiere halten. Keine Giraffen, keine Krokodile und auch keine Elefanten. Für die Giraffen sind die Decken zu niedrig, die Krokodile passen so schlecht in die Badewanne und für die Elefanten ist das 1. Obergeschoss *(nur Beispiel)* schier ungeeignet. Auch bei Hunden oder Katzen fragen Sie bitte Ihren Vermieter um Erlaubnis. Also kein absolutes Verbot, doch bitte fragen. Spart auf jeden Fall Ärger. Ach ja, und bei Kleintieren bitte keine Vogelspinnen, Skorpione oder Schlangen. Das kann zu Aufregung im Haus führen, wenn die mal ihr Terrarium auf einen Spaziergang verlassen sollten."

- **Abschnitt: Betrieb von Feuerstätten**

  „Es gibt hier keinen Kamin in der Wohnung, und das bleibt auch so." Oder: „Es gibt hier einen zweiten Schornstein. Sollten Sie einen Kamin einbringen wollen, nur mit Erlaubnis Ihres Vermieters und nur durch Abnahme des örtlichen Schornsteinfegers aufgrund der Brandschutzbestimmungen."

- **Abschnitt: Schönheitsreparaturen**

  „Wenn Sie sehen, dass Ihre Tapete nicht mehr so schön aussieht, wenn Ihnen auffällt, dass die lackierten Türrahmen vergilben, dann dürfen Sie streichen und lackieren. Sie dürfen dafür sorgen, dass diese Wohnung weiterhin gut aussieht. Schöne Wohnung gleich: glücklicher Vermieter, gleich: gutes Mietverhältnis."

- **Abschnitt: Instandhaltung von Mieträumen und Obliegenheitspflichten**

  „Sie dürfen darauf achten, dass alles in der Wohnung heil bleibt. Wenn also mal etwas kaputtgehen sollte, was Sie nicht gleich beheben können, informieren Sie bitte umgehend Ihren Vermieter, damit er Ihr Problem löst. Nichts ist schlimmer als schweigen. Nicht, dass der

Schaden nachher größer ist, als zu dem Zeitpunkt an dem Sie ihn entdeckt haben."

* **Abschnitt: Bauliche Veränderungen an und in den Mieträumen durch den Mieter**

„Kurz, knapp, knackig: nein. Es gibt in dieser Wohnung eine Badewanne (Beispielvariante), es gilt nicht, dass Sie diese rausreißen und eine Dusche einbauen, weil Sie lieber duschen wollen. Auch bleiben alle Wände, wo sie sind und Sie bauen keine neuen dazu. Bauliche Veränderungen führt nur Ihr Vermieter durch. Sonst Gnade Ihrem Mietkautionssparbuch."

* **Abschnitt: Betreten der Mieträume durch den Vermieter**

„Ihr Vermieter hat das Recht, sich in regelmäßigen Abständen von dem Rechten und von dem Linken in seinen Wohnungen zu überzeugen. So darf er auch mal bei Ihnen vorbeischauen. Allerdings gilt nicht, dass Ihr Vermieter Sie anruft frei nach den Worten: „Wir haben Kuchen besorgt und sind gleich da. Kochen Sie mal schnell den Kaffee." Ihr Vermieter hat sich in einer angemessenen Zeit vorher anzukündigen und da reden wir von mindestens drei bis vier Tagen. So haben Sie Zeit zum Aufräumen und durchfegen. Sie wissen es schon: Saubere Wohnung, gleich: glücklicher Vermieter, gleich: gutes Mietverhältnis."

* **Abschnitt: Beendigung des Mietverhältnisses**

„Die Kündigung des Mietverhältnisses hat fristgerecht und schriftlich samt Übergabe zu erfolgen. Es gilt nicht, einfach die Wohnungsschlüssel bei dem Vermieter in den Briefkasten zu werfen mit einem Zettel dazu, auf dem steht: „Ich bin dann mal weg!" Also schriftlich unter Einhaltung der Kündigungsfrist mit ordnungsgemäßer Übergabe."

Sie sehen, lieber Leser, die trockenen Inhalte eines Mietvertrages können blumiger dargestellt werden. Natürlich waren die gewählten Abschnitte nur Auszüge aus einem Mietvertrag und haben keinen Anspruch auf Vollständigkeit. Mit dieser kleinen Auswahl soll Ihnen nur gezeigt werden, wie Sie es schaffen, dass Vermieter und Mieter Ihnen bis zum Schluss folgen und zwischendurch auch das eine oder andere Mal schmunzeln. Zudem sind diese Auszüge für Sie eine Anregung, sich mit einem Mietvertrag einmal etwas ausführlicher zu beschäftigen. Finden

Sie Ihren eigenen Weg, Ihre eigenen Geschichten, um Vermieter und Mieter angenehm durch die Mietvertragsunterzeichnung zu führen.

Ein wichtiges Thema bei Mietvertragsunterzeichnungen oder auch schon Thema bei den Besichtigungen ist die Frage nach der Renovierung, also den möglichen Malerarbeiten bei Einzug und oder Auszug. Nun da gibt es die verschiedensten Ansätze. Einer der beliebtesten, allerdings absolut hirnrissigsten ist das Wände weißen beim Auszug, gerade in der Situation, wenn Sie vorher schon in Erfahrung gebracht haben, dass die zukünftigen Mieter farbenfrohe Menschen sind und weiße Wände nicht ausstehen können. Was passiert in dieser Situation. Der Altmieter weißt die Wände zur Zufriedenheit des Vermieters, übergibt die Wohnung und freut sich auf sein Mietkautionssparbuch. Der neue Mieter zieht also in eine frisch geweißte Wohnung ein, oder bekommt die Wohnung zu Renovierungszwecken ein bis zwei Woche vor Mietbeginn. Der zukünftige Mieter stellt fest, dass Weiß überhaupt nicht seine Farbe sei, und malt die Wände mit anderen Farben über. Bitte an dieser Stelle keine Kommentare, dass Weiß keine Farbe, sondern ein Zustand ist. Sie haben recht, Farben ergeben nur aus den Tönen des Farbkreises. Dennoch werden Sie den eigentlichen Tenor verstanden haben.

In unserem zuvor beschriebenen Fall wird die Wohnung innerhalb weniger Wochen also gleich zweimal gestrichen. Den geistigen Nahrwert an dieser Regelung habe ich bis heute nicht verstanden. So konnte ich in der Vergangenheit mit durchschnittlich neun von zehn Vermietern eine andere Regelung finden. Meiner Ansicht nach ist es am sinnvollsten, wenn der Mieter, der einzieht, sich die Wohnung in den Farben streicht, die er haben möchte und bei Auszug die Wohnung besenrein übergibt. Wobei an dieser Stelle gesagt werden muss, dass wir hier natürlich immer von vertretbaren Farben sprechen, die gegebenenfalls vorher mit dem Vermieter abgestimmt werden sollten, damit keine Irritationen im Nachgang auftreten. Ein komplettes Zimmer in leckerem Schwarz oder einem Schweinchen-Rosa gestrichen, finden nicht immer Anklang.

Fazit

Mietverträge durchgehen muss nicht langweilig sein!

7.2.3 Nachbereitung

Im Nachgang der Mietvertragsunterzeichnung und in Vorbereitung auf die Objekt- oder Wohnungsübergabe kann möglicherweise eine zeitliche Frist von meist bis zu drei Monaten liegen, denn schließlich kündigt ein Mieter, wenn er klar bei Verstand ist, sein bestehendes Mietverhältnis erst, sobald er eine neue Bleibe gefunden hat. Ich gebe zu, es gibt auch sportliche Mietinteressenten, die ihre Wohnung erst kündigen und sich dann auf Suche begeben. Kann klappen, muss allerdings nicht. Es soll auch den einen oder anderen gegeben haben, der dann doch bei jemandem aus seinem Umfeld Unterschlupf suchen musste. Das muss bekanntlich jeder mit sich selber ausmachen. Der Regelfall aus meiner Erfahrung ist, dass Mietinteressenten ihre alte Immobilie erst kündigen, wenn der Mietvertrag für die neue Immobilie unterschrieben ist.

So kann es also auch sein, dass noch Renovierungsarbeiten seitens des Vermieters durchgeführt werden, bevor die Wohnung an den zukünftigen Mieter übergeben werden kann. Sie als guter Makler fassen natürlich rechtzeitig nach, ob alles im Zeitplan ist. Auf der anderen Seite besteht auch die Möglichkeit, dass die Wohnung noch vermietet ist, der zukünftige Mieter allerdings noch Ausmessungen für beispielsweise eine Einbauküche vornehmen muss. Auch hier sind Sie als Koordinator gefragt.

Bis zur Wohnungsübergabe fällt meist noch die eine oder andere Aufgabe an. Bleiben Sie am Ball und sorgen für den reibungslosen Ablauf bis zum Übergabetermin.

Schlüsselfragen für Ihren Erfolg

- Biete ich meinen Kunden schon einen Vertragsservice an?
- Fülle ich das Durchgehen von Verträgen mit Leben oder lese ich nur stumpf vor?
- Unterstütze ich meine Kunden auch bei den Vertragsunterzeichnungen?

8

Objektübergabe

Zusammenfassung Das Kapitel Objektübergabe gibt Ihnen einen Einblick, wie Sie die Übergabe von Kauf- und Mietobjekten vorbereiten und zur Zufriedenheit Ihrer Kunden durchführen, um einen professionellen Abschluss Ihrer Dienstleistung im Verkaufs- und Vermietungsprozess zu bieten.

> Das Kapitel Objektübergabe gibt Ihnen einen Einblick, wie Sie die Übergabe von Kauf- und Mietobjekten vorbereiten und zur Zufriedenheit Ihrer Kunden durchführen, um einen professionellen Abschluss Ihrer Dienstleistung im Verkaufs- und Vermietungsprozess zu bieten.

Mit der Objektübergabe können Sie zum Abschluss noch einmal richtig steil aus der Hecke rauskommen. Nutzen Sie die Objektübergabe, um Ihren Dienstleistungsprozess abzurunden. Nicht beenden, nur abrunden, denn schließlich wollen Sie den Verkäufer und den Käufer, sowie den Vermieter und den Mieter in Ihrer Datenbank und in Ihrem Kontaktnetzwerk behalten. Wer weiß, was die Zukunft bringt. Vielleicht versteckt sich hinter einem Mieter ein potenzieller Immobilienkäufer, hinter

© Der/die Autor(en), exklusiv lizenziert durch Springer Fachmedien Wiesbaden GmbH, ein Teil von Springer Nature 2021
O.-D. Helfrich, *Erfolgsstrategien für Immobilienmakler*,
https://doi.org/10.1007/978-3-658-35683-5_8

dem Immobilienverkäufer ein neuer Immobilienkäufer und möglicherweise hinter dem Immobilienkäufer ein künftiger Verkäufer. Es liegt an Ihnen, auch in der Zukunft der erste Ansprechpartner zu sein. Zeigen Sie Ihren Kontakten, dass Sie wie ein Chefarzt für Immobilien sind.

Die wenigsten Makler sind noch bei der Objektübergabe zugegen. Die meisten Ihrer Mitbewerber hören nach dem Notartermin, nach der Mietvertragsunterzeichnung mit der Betreuung auf. Einige Ihrer Kollegen vermeiden sogar den gemeinsamen Gang zum Notartermin oder das Treffen zur Mietvertragsunterzeichnung.

Sie, lieber Leser, sind anders oder wollen anders werden, denn schließlich haben Sie sich zum Kauf dieses Buches entschieden, oder es sich schenken lassen. Na ja, vielleicht auch nur ausgeliehen, doch eins steht fest: Sie lesen in diesem Buch und dieser Schritt wird sich für Sie auszahlen.

Nutzen Sie folgende Seiten, Ihren Objektübergabe-Service zu überprüfen, Ihre Dienstleistung für gut zu befinden, oder Anregungen aus den nächsten Seiten aufzunehmen, die Sie bei Ihren nächsten Objektübergaben ausprobieren oder gar ganz übernehmen.

Einen Benefit habe ich Ihnen schon in Kap. 11 dieses Buches gelegt. Dort finden Sie ein Musterformular „Übergabeprotokoll", das Sie bei Ihren zukünftigen Objektübergaben nutzen können, um mit Verkäufer und Käufer, sowie Vermieter und Mieter eine ordnungsgemäße Objektübergabe durchzuführen, ohne dass wichtige Punkte vergessen werden. Natürlich hat dieses Formular kein Anspruch auf Richtigkeit und Vollständigkeit. Es soll für Sie ein Anhalt, ein Muster sein, aus dem Sie Ihr eigenes Formularwesen möglicherweise ergänzen können.

Schauen wir uns nun auf den nächsten Seiten die Übergabe von Miet- und Kaufobjekten etwas genauer an und gehen ein klein wenig in die vertrieblichen Details.

8.1 Kaufobjekt

Die Kaufvertragsunterzeichnung beim Notar ist gelaufen, der Notar hat seinen Job erfüllt, die Fälligkeitsmitteilung, dass der Kaufpreis gezahlt werden kann, ist durch den Notar an den Käufer verschickt worden. Sie als Makler sind natürlich vom Notar parallel informiert worden. Nun organisieren Sie die Übergabe zwischen Verkäufer und Käufer. Sie gucken den gemeinsamen Übergabetermin aus und koordinieren ihn. Profi wie Sie sind, informieren Sie den Verkäufer darüber, dass er den Hausordner beim Übergabetermin dabeihaben soll, damit die wichtigsten Unterlagen an den Käufer übergeben werden können, sofern er diese nicht schon in seinen Händen hält. Den Käufer hingegen weisen Sie an, die Kaufpreiszahlung rechtzeitig zu veranlassen, damit eine planmäßige Übergabe stattfinden kann. Alles läuft planmäßig. Sie haben alles im Griff. Sie sind der Profi.

30 min vor dem gemeinsamen Termin treffen Sie sich in dem zu übergebenden Objekt mit dem Verkäufer. So haben Sie 30 min Vorsprung, sich von dem ordnungsgemäßen Zustand der Immobilien zu überzeugen. Zudem lassen Sie sich von dem Verkäufer den Hausordner mit den Objektunterlagen zeigen und die Schlüssel des Objektes vorlegen, die dem Käufer überreicht werden sollen. Diese 30 min bieten Ihnen die Chance, die Lage zu überblicken und gegebenenfalls einzusteuern, falls Stolpersteine auftreten sollten.

Nach dem Eintreffen des Käufers und einem kleinen Shake Hands sowie Small Talk beginnen Sie die eigentliche Übergabe. Hierzu gehen Sie alle Bereiche des Objektes mit Verkäufer und Käufer ab und lassen vom Käufer überprüfen, ob alles in dem zur Übergabe vereinbarten Zustand ist. Wichtig dabei, der Käufer gibt Ihnen nach jedem Raum ein O.K. Sie fragen den Käufer, ob Sie einen Haken setzen dürfen. Sagt der Käufer ja, haken Sie den zuletzt begangenen Raum mit einem O.K., mit einem i. O. ab. Sollten Ungereimtheiten auftreten, versuchen Sie vor Ort die Situation zu klären, möglicherweise auch zu retten, denn es soll schon das eine oder andere Mal vorgekommen sein, dass sich die Gemüter etwas erhitzen, weil der Verkäufer zu viel oder zu wenig abgebaut oder ausgebaut hat. So ist zum Beispiel bei einer Übergabe, bei der ich die Käufer als Berater begleitet habe, eine Situation aufgekommen, dass der Außentreppenlift, der einen Zugang vom Garten in den Wintergarten für bewegungseingeschränkte Besucher ermöglichte, von den Verkäufern nach dem Notartermin verkauft wurde. Allerdings war er laut Exposé des Fremdmaklers Bestandteil des Verkaufsobjektes und für die Käufer tatsächlich ein Pluspunkt gewesen, der zur Kaufentscheidung beigetragen hat. Zudem stellte sich bei der Übergabe im Heizungskeller heraus, dass die Außen- und Innenwände Feuchtigkeit aufwiesen. Auf mehrere kleine Nachfragen, die ich stellte, erklärte die Verkäuferin, dass es vor zwei Jahren einen Leitungswasserschaden gab, bei dem der Heizungskeller 50 cm unter Wasser stand. Zudem teilte sie dem Käufer an diesem Tag zum ersten Mal mit, dass sich bei starkem Regen am Fensterrahmen das Regenwasser staut, und das Mauerwerk davon wohl durchnässt sei, denn es laufe ja nicht richtig ab. Der Sohn der Verkäuferin und das Käuferehepaar guckten sich mit sehr großen Augen und weit geöffneten Mündern an. Die Stimmung fing an zu kippen und es wurde etwas hitziger diskutiert. Ich behielt die Ruhe und Gelassenheit, notierte alle Informationen der Übergabe auf einem Übergabeprotokoll und ließ alle Anwesenden unterschreiben, sowie die Schilderung des Wasserschadenfalles separat gegenzeichnen. Nach ein paar Anwaltsbriefen hin und her, wurde auf Kosten der Verkäuferin ein neuer Außentreppenlift gekauft und montiert. Zusätzlich gab es eine Entschädigungszahlung von 10.000 EUR für die feuchten Kellerwände im Heizungskeller.

Lobenswert zu erwähnen ist übrigens der Fremdmakler, der an dem Verkauf der Immobilie gute 9000 EUR netto verdient hatte und sich bei der Übergabe natürlich nicht blicken ließ. Bis heute ist nicht klar, ob er von der Feuchtigkeit wusste.

Dieses Erlebnis mal als Einblick, was alles bei Übergaben passieren kann. Doch zurück zu unserer Übergabe. Wie es sich gehört, läuft alles reibungslos, Verkäufer und Käufer sind glücklich. Sie übergeben die Schlüssel, könnten sich nun verabschieden und zufrieden vom Hof reiten. Sie könnten allerdings auch noch einen draufsetzen. Bitten Sie doch Verkäufer und Käufer vor das Objekt und wie diese Fotos von obligatorischen Scheckübergaben für die Zeitung, lassen Sie den Verkäufer dem Käufer die Schlüssel übergeben und schießen davon ein Foto. Dieses Bild lassen Sie in angenehmer Größe entwickeln, beziehungsweise drucken, lassen es rahmen und übergeben ein paar Wochen später dem Verkäufer und dem Käufer je ein gerahmtes Bild ihrer persönlichen Objektübergabe.

Damit sammeln Sie noch einmal Pluspunkte, schleichen sich als Makler des Jahrhunderts in das Unterbewusstsein und die Herzen der beiden Parteien. Mit großer Wahrscheinlichkeit erhöht es den Weiterempfehlungsfaktor.

Jetzt sagen Sie, ich verschenke doch immer Blumen und guten Sekt. Es ist auf jeden Fall mehr, als das, was andere Maklerkollegen machen und damit schon sehr gut. Damit sind Sie auf jeden Fall auf dem richtigen Weg besser zu sein, als der Großteil Ihrer Mitbewerber. Zur Anregung für Sie: Die Erfahrung hat übrigens gezeigt, dass Blumen vertrocknen und vergänglich sind. Gleiches gilt leider auch für den guten Sekt. Vielleicht ist er von Hause aus schon halbtrocken oder trocken, doch vergänglich erst recht. Ein schöner Abend und die leere Flasche wandert in den Altglascontainer. Mein Tipp an Sie: Nutzen Sie unvergängliche Accessoires. Also: Erinnerung, die bleibt!

Fazit

Die Objektübergabe rundet Ihre Dienstleistung ab!

8.2 Mietobjekt

Sie als Immobilienprofi, als Top-Dienstleister begleiten selbstverständlich den kompletten Vermietungsprozess bis hin zur abschließenden Wohnungs- oder Objektübergabe. Damit liegen Sie schon weit vorne und gehören zu dem oberen Viertel der Immobilienmakler, die diesen Service überhaupt noch anbieten. Dieser abrundende Service in Ihrer Dienstleistung lässt Vermieter bei Ihnen zu Wiederholungstätern mutieren und sorgt zudem in den meisten aller Fällen zu überzufriedenen Mietern, die ihr nächstes Objekt bestimmt wieder über Sie suchen lassen. Im besten Fall gewinnen Sie hier Ihre zukünftigen Immobilienkäufer. Ein Top-Verkaufstrainer sagte einmal: „Man muss als Dienstleister auch einmal die Extrameile gehen." Die Frage ist doch, was ist Ihre Extrameile, was ist Ihr Schlagobers, Ihre Kirsche auf der Torte, die Sie im Vermietungsgeschäft als Immobilienmakler bieten. Meiner Ansicht nach beginnt dies an der Stelle, wo der größte Teil der Immobilienmakler sich schon längst ausgeklinkt hat. Und das ist spätestens direkt nach der Mietvertragsunterzeichnung. Da aufgrund des Bestellerprinzips der Vermietungsbereich schwerer geworden ist, hilft nur *S-M-S,* um immer wieder neue Aufträge zu generieren. Also: *Service, Mehrleistung* und *Service.*

Sie organisieren und terminieren die gemeinsame Übergabe zwischen Vermieter und Mieter, sowie Ihnen als Begleiter. Sie führen durch die Übergabe, Sie vermitteln, sofern es Unstimmigkeiten gibt. Gehen Sie gemeinsam mit Vermieter und Mieter die angemietete Wohnung, das angemietete Objekt Raum für Raum ab. Lassen Sie den Mieter alles inspizieren und jede Kleinigkeit schriftlich festhalten. Nichts ist schlimmer als das Geschrei beim Auszug: „Das war ich nicht, das war schon beim Einzug so." Wie es dann weitergeht, können Sie sich ausmalen. Gegebenenfalls lohnt es sich, mögliche spätere Streitpunkte mit digitalen Fotos festzuhalten. So gab es in meiner Vergangenheit einmal den Fall, dass es Streitigkeiten aufgrund fehlender Badarmaturen und Löchern in den Kunststofffensterrahmen gab. Diese beiden Aspekte und ein paar weitere Streitpunkte führten sogar vor Gericht. Mein altes Exposé mit den vor Einzug gemachten Bildern und das Exposé zur Suche des Nachmieters kurz vor dem Auszug des Mieters lieferten die Beweise, dass die fehlenden Handtuchhalter schon vor dem Einzug weg waren, die Löcher in den Kunststoffrahmen allerdings erst durch den Mieter entstanden sind.

Aufgrund dieser Erfahrung kann ich Ihnen nur die Genauigkeit einer Übergabe ans Herz legen. Sie sparen damit dem Vermieter und dem Mieter in der Zukunft streitige Auseinandersetzungen, die Zeit, Nerven und sogar unnötiges Geld kosten könnten, im Gegensatz zum zuvor genannten Fall, der beiden Seiten Zeit, Nerven und Geld gekostet hat.

Fazit

Eine genaue Übergabe kann Streit und unnötige Geldausgaben vermeiden!

Schlüsselfragen für Ihren Erfolg

- Biete ich einen Übergabeservice an?
- Wenn ja: Führe ich durch die Übergabe?
- Wenn nein: Werde ich meinen Kunden den Übergabeservice zukünftig anbieten?

9

Social Media als Mittel der Eigenvermarktung

Zusammenfassung An den Beispielen von Facebook, Twitter und XING werden Ihnen Wege vorgestellt, wie Sie Social-Media-Portale zur Vermarktung Ihrer Person und Ihrer im Bestand befindlichen Objekte optimal und kostengünstig nutzen können.

An den Beispielen von Facebook, Twitter und XING werden Ihnen Wege vorgestellt, wie Sie Social-Media-Portale zur Vermarktung Ihrer Person und Ihrer im Bestand befindlichen Objekte optimal und kostengünstig nutzen können.

Das Internet hat sich in kurzer Zeit zur absoluten Zukunft entwickelt. Ein großer Teil der Werbung, des Verkaufes, der Informationsgewinnung läuft über dieses Medium. Das Internet ist ein Teil der Gesellschaft, ein Teil von uns geworden. Dieses Medium ist kaum noch wegzudenken. Über die Einführung der internetfähigen Smartphones begleitet uns das Internet auf Schritt und Tritt in unserem Leben. Bei sehr vielen Menschen mittlerweile sogar rund um die Uhr. Abgeschnitten von der Welt,

© Der/die Autor(en), exklusiv lizenziert durch Springer Fachmedien Wiesbaden GmbH, ein Teil von Springer Nature 2021
O.-D. Helfrich, *Erfolgsstrategien für Immobilienmakler*,
https://doi.org/10.1007/978-3-658-35683-5_9

wenn es mal keinen WLAN- oder UMTS-Empfang geben sollte. Ein Weltuntergang für den einen oder anderen unter uns.

So gibt es mittlerweile einige Plattformen im Internet, die sich besonders für die Vermarktung der eigenen Person, allerdings auch genauso gut für die berufliche Tätigkeit eignen. Drei dieser Plattformen, als Auszug aus den mannigfaltigsten Möglichkeiten, schauen wir uns im Verlauf an.

9.1   Facebook

Allen voran als der größte Anbieter gilt Facebook. Hier vernetzen sich Menschen weltweit und teilen ihr Leben miteinander im Netz. Welche Informationen als wichtig für die Mitmenschen erachtet werden, entscheidet jeder in subjektiver Weise. Der eine kramt die dunkelsten Ecken seines Lebens hervor und teilt diese mit allen anderen. Andere nutzen Facebook für die Vernetzung von Menschen, um einfach nur Kontakt zu halten.

So fragte ich einmal einen mir bekannten Steuerberater, warum er sogar einige seiner selbst gekochten Gerichte fotografiert und bei Facebook postet. Hierauf antwortete er mir, dass er eine Person des täglichen Lebens sei und er seine Mandanten an seinem Leben teilhaben lassen möchte, damit diese sehen können, dass auch er nur ein ganz normaler Mensch ist.

Der grundsätzliche Vorteil von Facebook ist die Vernetzung untereinander, sodass neue Informationen sich im Handumdrehen verbreiten. Dies hat natürlich Vor- und Nachteile. Doch beschäftigen wir uns ausschließlich mit den Vorteilen, die Sie für Ihre Arbeit und damit als kostengünstiges Marketing nutzen können.

Sie haben bei Facebook die Möglichkeit, einen Account für eine Privatperson oder für ein Unternehmen zu erstellen. Der Unterschied liegt einfach darin, dass der Account für Privatpersonen sofort öffentlich ist, während bei einem Account für Unternehmen derzeit 50 Personen (Freunde) benötigt werden, die Ihre Facebook-Unternehmensseite mit „Gefällt mir" bestätigen, damit Sie eine offizielle Veröffentlichung mit URL (Uniform Resource Locator), also mit eigenständiger Internetadresse erhalten.

Egal, welchen Account Sie wählen, Sie haben bei beiden die Möglichkeit über Ihre Tätigkeit und Ihre Neuigkeiten zu schreiben sowie Bilder hochzuladen, um für Ihre Objekte zu werben. Lassen Sie Ihre vernetzten Freunde wissen, dass Sie ein neues Objekt im Bestand haben. Teilen Sie Ihren Freunden über Facebook mit, dass Sie Mieter für eine bestimmte Wohnung suchen. Informieren Sie Ihre Freunde über den Facebook-Account über anstehende Aktivitäten Ihres Unternehmens.

Sie können diese Meldungen sogar an den Pinnwänden der Freunde-Accounts posten, sodass in kurzer Zeit Ihre Informationen bei zahlreichen Freunden und Freundesfreunden als Neuigkeit in deren Facebook-Accounts erscheint und den meisten sogar als Neuigkeit per E-Mail mitgeteilt werden.

So besteht für Sie also die Möglichkeit, Ihre Open-House-Veranstaltung, Ihren Tag der offenen Tür über Facebook in Ihrem Facebook-Freundeskreis und deren Facebook-Freundeskreis bekannt zu machen. Unterstreichen können Sie Ihre Werbung mit einem Bild des Objektes oder Ihres Büros. Posten Sie die Nachricht an Ihrer Pinnwand und bitten Sie Ihre Freunde, diese Info mit „Gefällt mir" zu bestätigen. So erreichen Sie in kurzer Zeit einen großen Menschenkreis, der auf Ihre Open-House-Veranstaltung oder Ihren Tag der offenen Tür aufmerksam wird.

Wichtig ist natürlich, dass Sie Ihren Facebook-Account pflegen und hegen, damit Ihre Freunde und Freundesfreunde immer wieder mit Neuigkeiten versorgt werden. Eine Marketingmöglichkeit, die derzeit eher Zeit als Geld kostet.

Fazit

Facebook eignet sich für die schnelle Verbreitung von Informationen.

9.2 Twitter

Bei Twitter handelt es sich um einen Blogdienst, der es Ihnen ermöglicht, Ihre Aktivitäten und Neuigkeiten über telegrammartige Nachrichten zu veröffentlichen. Diese telegrammartigen Nachrichten werden Tweets genannt und sind auf eine bestimmte Anzahl von Zeichen begrenzt. Damit Ihre Kunden diese regelmäßigen Nachrichten erhalten, besteht die Möglichkeit, Ihren Account, also Ihre Nachrichten zu abonnieren. So bleiben Ihre Kunden automatisch immer auf dem Laufenden, sobald es Neuigkeiten in Ihrem Unternehmen gibt. Eine Vermarktungsstrategie könnte also sein, dass Sie Ihren Kunden ans Herz legen, sich bei Twitter zu registrieren, um sich als Follower für Sie oder Ihr Unternehmen einzutragen. Sie bieten Ihren Follower-Kunden über Twitter den Service, Neuigkeiten vor allen anderen zu erfahren. So zum Beispiel, dass Sie ein neues Objekt in den Bestand bekommen haben und es zwei bis drei Tage über Tweets anpreisen und anbieten, bevor Sie es in die offizielle Vermarktung geben. Auf der anderen Seite informieren Sie Ihre Follower-Kunden über Tweets, sobald eine Immobilie von Ihnen vermarktet wurde. So bleiben selbst Ihre entscheidungsunfreudigen Kunden auf dem Laufenden und erfahren so aus erster Hand, dass der Drops gelutscht ist und sie sich bei Ihnen nach einem neuen Objekt erkundigen können. Sie erzielen mit dieser Strategie den Effekt, dass Ihre Follower-Kunden sich zu einem elitäreren Kundenkreis entwickeln. Gleiches gilt an dieser Stelle für Netzwerkpartner, Geschäftspartner und sonstige Tippgeber.

Wichtig ist natürlich, dass Sie Twitter dann auch regelmäßig nutzen, um Ihre Follower-Kunden bei Laune zu halten. Verpassen Sie über mehrere Wochen Tweets zu senden, ebbt das Interesse an Ihnen und Ihrem Unternehmen über diese Strategie schnell ab.

> **Fazit**
>
> Machen Sie Ihre Kunden zu elitären Follower-Kunden!

9.3   XING

XING, ehemals OpenBC, ist eine Business-Plattform, auf der im Gegensatz zu vielen anderen Communities das Augenmerk auf dem beruflichen Austausch liegt. Mit der Einrichtung eines Accounts bei XING haben Sie die Möglichkeit, Ihren beruflichen Werdegang genauestens anzulegen, Ihre Interessen anzugeben und die Schlagworte beziehungsweise Texte, was Sie beruflich suchen und was Sie beruflich anderen bieten können. Zudem bietet XING die Möglichkeit, sich mit anderen Kontakten zu verbinden. Dies ermöglicht Ihnen einen Nachrichtenaustausch auf direktem Wege. Mehrere Mitglieder können eine Gruppe bilden, die sich einem besonderen Thema widmet. Diese Gruppen sind grundsätzlich geschlossen; ein Beitritt ist nur über Bewerbung oder Einladung der Gruppenmoderatoren möglich.

Meiner Ansicht nach bietet XING besonders den Austausch unter Gleichgesinnten, die Vernetzung zu anderen Geschäftspartnern und die Chance, Mitarbeiter oder Netzwerkpartner zu finden.

Fazit

XING bietet eine strategische Suche und Vernetzung von Geschäftspartnern!

Schlüsselfragen für Ihren Erfolg

- Gibt es Social-Media Plattformen auf denen ich aktiv bin?
- Wenn ja, nutze ich diese schon aktiv um mein Unternehmen weiter nach vorne zu bringen?
- Wie nutze ich künftig Social-Media Plattformen?

10

Neukunden über Empfehlungsmarketing

Zusammenfassung Viele Makler klagen über zu wenige Objekte und zu wenige Kontakte. Empfehlungsgeber sind Ihr bestes Vermarktungspotenzial. Dieses Kapitel behandelt den Aufbau von potenziellen Empfehlungsgebern – ohne Anbiedern bei Neukunden, sondern mit einem herzlichen Empfang. Gewinnen Sie einen Einblick in die Kunst des Empfehlungsmarketings.

Viele Makler klagen über zu wenige Objekte und zu wenige Kontakte. Empfehlungsgeber sind Ihr bestes Vermarktungspotenzial. Dieses Kapitel behandelt den Aufbau von potenziellen Empfehlungsgebern – ohne Anbiedern bei Neukunden, sondern mit einem herzlichen Empfang. Gewinnen Sie einen Einblick in die Kunst des Empfehlungsmarketings.

Über die heutigen Medien haben Sie natürlich die Möglichkeit, Kontakte von verkaufswilligen Immobilieneigentümern für sportliche Beträge zu kaufen. Meist sind diese Käufe mit Mindestabnahmen und Mindestvertragslaufzeiten verbunden, sodass Ihre Investition schon sehr schnell mal 5000 bis 10.000 EUR betragen kann, bevor Sie auch nur den ersten Euro verdient haben. Dieser Investition steht dann eine bestimmte Anzahl von Kundenanfragen von verkaufswilligen Immobilieneigentümern gegenüber. Mit dem Kauf von sogenannten qualifizierten Leads, also qualifizierten Neukundenkontakten haben Sie allerdings noch keinen Neukunden tatsächlich für sich gewonnen und keine Garantie, dass Sie der durch den Neukunden beauftragte Immobilienmakler werden. Egal, wie Ihr erster direkter Kontakt zu Neukunden läuft, Sie müssen dem Neukunden viele notwendige Impulse geben, damit er Sie beauftragt, denn auch hier gilt: Vertrauen vor Nutzen vor Produkt vor Preis. Kurzum, Sie haben ein ganzes Stück Überzeugungsarbeit zu leisten. Sie müssen also in dem Erstgespräch Ihrem Gegenüber viele Impulse geben, viele Informationen zu Ihnen und Ihrer Tätigkeit vermitteln, damit Sie den Zuschlag bekommen (s. Abb. 10.1).

Das Empfehlungsmarketing hingegen ist einer der wertvollsten Wege, um an Neukunden zu kommen, der zwar gut vorbereitet sein muss, doch letztendlich zahlt er sich immer am besten aus.

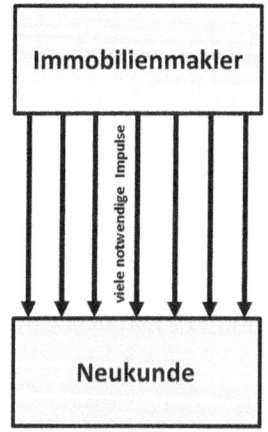

Abb. 10.1   Erstgespräch Makler/Kunde ohne Empfehlung

10.1   Überzeugen Sie durch einen Zeugen

Buchen wir heute einen Urlaub, durchsuchen wir die verschiedensten Portale im Internet nach Bewertungen und schriftlichen Empfehlung en von Urlaubern, die unser Wunschhotel schon besucht haben. Zudem checken wir auch gleich noch die Fotos, die von Urlaubern hinterlegt sind, um einen bildlichen Eindruck des Hotels, der Zimmer, des Buffets und der Hotelanlage zu bekommen.

Ziehen wir in eine neue Stadt, holen wir Erkundigungen ein, wo man am besten Essen gehen kann, welcher Zahnarzt einen besonders guten Ruf hat und bei welchem Bäcker es die leckersten Brötchen gibt.

Wir verlassen uns auf die Meinung anderer, um schlechte Erfahrungen zu vermeiden. Wir wollen gleich den besten Zahnarzt, gleich die leckersten Brötchen, gleich das hervorragendste Restaurant, in das wir unseren Partner ausführen können. Die schlechten Erfahrungen dürfen doch andere machen.

Von Haus aus vertrauen wir auf die Empfehlungen anderer. Wir suchen uns also Zeugen, die uns vom Erlebten berichten.

Eins muss Ihnen von Beginn an klar sein. Ist der Job, den Sie machen nur halbherzig, sorgen Sie für Missstimmung bei Ihren Kunden durch zum Beispiel falsche Aussagen oder Unpünktlichkeit, halten Sie zugesagte Fristen für zum Beispiel Unterlagenbeschaffung oder Exposéerstellung nicht ein und glänzen somit durch Unzuverlässigkeit, werden Ihren Kunden Sie auf jeden Fall weiterempfehlen: allerdings negativ.

Sätze wie: *Der kümmert sich nicht! Die labert nur! Bei dem steckt nichts dahinter! Die hat Ihren Kopf nur zum Haare schneiden! Der macht nur auf dicke Hose!* dürften Ihnen bestimmt bekannt sein. Soll auf keinen Fall heißen, dass über Sie so geredet wird, sondern dass Sie bestimmt mit anderen Dienstleistern oder mit dem einen oder anderen Bekannten schon ebenfalls solche Erfahrungen gemacht haben. Eine Seltenheit sind diese Aussprüche jedenfalls nicht.

Auf jeden Fall berichten Sie eher bei jedem über schlechte Erfahrungen. Schlechte Nachrichten verbreiten sich ja auch viel besser, als gute Nachrichten. Das kennen Sie aus der Tagespresse und aus dem Fernsehen.

Machen Sie allerdings einen guten Job, erbringen Sie eine Top-Dienstleistung, wird dies meist nur nebenbei in einer Bierlaune erwähnt. Sie können allerdings dafür Sorge tragen, dass diese Bierlaunen in immer kürzeren Abständen auftreten. Ein guter Ansatz dafür ist es, seine Kunden- und Geschäftsbeziehungen auch nach Verkaufsabschlüssen und Mietvertragsunterzeichnungen weiterzupflegen. Die Wahrscheinlichkeit der Weiterempfehlung an einen Neukunden erhöht sich ungemein.

Der Vorteil der Empfehlung liegt einfach darin, dass ein Bestandskunde, ein Tippgeber aus Ihrem Netzwerk oder ein Geschäftspartner für Sie als Zeuge auftritt und einem Dritten von Ihnen und Ihrer Dienstleistung vorschwärmt. Sie überzeugen also den Neukunden über Ihren Zeugen. Somit bleibt Ihnen die Arbeit der vielen notwendigen Impulse erspart, den Neukunden für sich und Ihre Tätigkeit zu gewinnen. Ihr guter Ruf ist schon längst vorausgeeilt, die Basis für das Grundvertrauen gelegt, bevor der Neukunde Ihnen zum ersten Mal in die Augen geguckt hat. Wichtig ist, dass Sie während des gemeinsamen Erstkontaktes einen Bestätigungsimpuls aussenden, der das über Sie Gehörte festigt (s. Abb. 10.2).

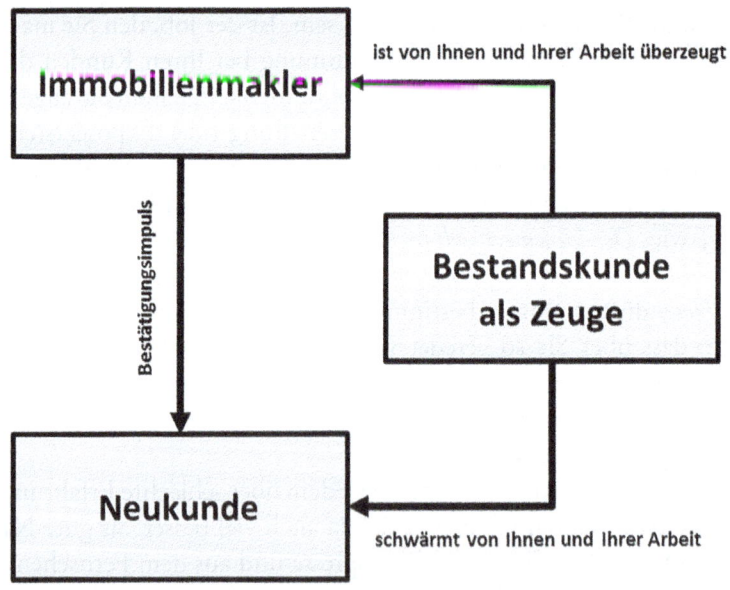

Abb. 10.2   Erstgespräch Makler/Kunde mit Empfehlung

Hierbei eignet sich zum Gesprächseinstieg die Frage:

- „Herr Neukunde, was hat Ihnen denn Herr Bestandskunde schon von mir und meiner Arbeit verraten?" *(Schweigen und warten, was der Neukunde erzählt.)*
- „Und was noch?" *(Wieder schweigen.)*
- „Welche Erwartungen haben Sie denn an mich?" *(Wieder schweigen und den Neukunden angucken, bis er Ihnen seine Erwartungshaltung mitteilt.)*

Mit diesen Fragen erfahren Sie, welchen Bestätigungsimpuls Sie setzen müssen, und was dem Neukunden in einer Geschäftsbeziehung besonders wichtig ist. Merken Sie sich das, schreiben Sie es sich hinter die Ohren und halten Sie sich daran. Nur so erschaffen Sie eine langfristige, nachhaltige Partnerschaft.

Sie können den Fragenablauf auch gleich ergänzen, damit Sie in der Zukunft der Zusammenarbeit sich bei dem Neukunden auch die eine oder andere Weiterempfehlung abholen können.

- „Können Sie sich vorstellen, dass auch ich eine Erwartung an Sie habe?"
- „Nein, welche?"
- „Ich erwarte von Ihnen, dass, wenn Sie mit meiner Arbeit und meiner Person genauso zufrieden sind wie Herr Bestandskunde, dass Sie mich ebenfalls an ein, zwei Menschen Ihres Herzens weiterempfehlen, wenn sich die Gelegenheit ergibt. Herr Neukunde, die Weiterempfehlung ist die einzig wahre Entlohnung, die Sie mir tatsächlich geben können, denn dann weiß ich, dass Sie rundum zufrieden mit mir sind. Ist das O.K. für Sie? Ist das ein Deal?"
- „Ja, ich denke schon."
- „Hand drauf?" *(Nun gegenseitig die Hand geben; das festigt das Gesagte.)*

Mit diesem Gesprächsmodul haben Sie sich die Tür zur künftigen Weiterempfehlung zumindest aufgeschlossen, wenn nicht sogar schon ein klein wenig geöffnet.

Im Folgenden stelle ich Ihnen noch drei Möglichkeiten vor, wie Sie Ihre Kundenbindung auch nach Kaufvertragsabschluss, auch nach Mietvertragsunterzeichnung weiterführen können. Denn ganz ehrlich, was gibt es Schöneres im Beruf als Kunden, die sich auch nach Jahren gerne an Sie erinnern, oder mit denen Sie nach Jahren immer noch in lockerem Kontakt stehen. Der lockere Kontakt erhöht die Chance, in der Zukunft weiter empfohlen zu werden. Bricht der lockere Kontakt ab, verblassen Sie im Unterbewusstsein Ihres Kunden mit jedem Tag, mit jeder Woche, jedem Monat, jedem Jahr immer stärker. Nutzen Sie die Möglichkeit, einen lockeren Kontakt zu halten, um ein gutes, nachhaltiges und vor allem langfristiges Empfehlungsgebernetzwerk auszubauen.

> **Bedenken Sie**
>
> Interessieren Sie sich für Ihre Bestandskunden, interessieren sich Ihre Bestandskunden auch für Sie. Interessieren Sie sich nicht für Ihre Bestandskunden, interessiert sich bald ein anderer Immobilienmakler für Ihre Bestandskunden und Sie verlieren Ihren Bestandskunden für immer.

10.2 Geburtstagskarten

Jeder Mensch steht gerne im Mittelpunkt, jeder Mensch wünscht sich Aufmerksamkeit und freut sich, wenn an ihm gedacht wird. Einmal im Jahr hat jeder Mensch einen besonderen Tag – den Geburtstag.

Belohnen Sie Ihre Kunden doch mit einer Geburtstagskarte, in der Sie zeigen, dass Ihnen Ihr Kunde etwas bedeutet. Welcher Immobilienmakler schickt schon Geburtstagskarten, besonders, wenn die Geschäftsbeziehung doch eigentlich schon längst gelaufen ist. Bedenken Sie hierbei nicht nur Ihre Bestandseigentümer, die gerade über Sie ein Objekt verkaufen oder vermieten lassen. Nein, bedenken Sie auch die Kunden, die über Sie schon gekauft oder gegebenenfalls auch gemietet haben. Nichts ist schöner, als über einen Kunden, der bei Ihnen vor Jahren gekauft oder gemietet hat, weiterempfohlen zu werden. Darüber hinaus steckt in manchem Mieter auch ein zukünftiger Immobilienkäufer und möglicherweise auch in jedem Immobilienkäufer ein zukünftiger Immobilienverkäufer.

Die Geburtstagskarte ist der Beitrag, eine Geschäftsbeziehung aufrecht zu erhalten. Falls Sie nicht wissen, wie Sie an die Geburtsdaten kommen, gebe ich Ihnen als Tipp in die notariellen Kaufverträge, Mietverträge oder in die Selbstauskünfte zu gucken.

Eine weitere Möglichkeit besteht darin, Ihren Immobilienkäufern eine Geburtstagskarte zum Geburtstag ihres Hauses zu schicken. Den Geburtstag des Hauses können Sie, lieber Leser, an verschiedenen Parametern selber festlegen. Entweder entscheiden Sie sich für den Tag der Kaufvertragsunterschrift beim Notar als Geburtsstunde der neuen Immobilie, oder Sie wählen den Tag der Schlüsselübergabe, sodass der Tag der Besitzübergabe die Geburtsstunde der neuen Immobilie ist.

Ob Sie die Geburtstagkarten nach den Geburtstagen Ihrer Kunden verschicken, oder die Varianten der Geburtstagskarten nach den Geburtstagen der Immobilien wählen, liegt ganz bei Ihnen. Fakt ist, Sie zeigen Ihren Kunden damit, dass Sie eine Extrameile gehen, um die Kundenbeziehung auch nach Ablauf des Geschäftsvorganges zu pflegen. Ich behaupte, der eine oder andere Ihrer Kunden wird dies mit positiver Mundpropaganda belohnen und Sie gerne weiterempfehlen.

Fazit

Die jährliche Geburtstagskarte ist eine Königsdisziplin in der Kundenbindung!

10.3 Weihnachtskarten

Weihnachten, das Fest der Liebe, das Fest der Besinnlichkeit, das Fest, bei dem wir die bedenken und beschenken, die uns am Herzen lieben. Das Kleinste aller Geschenke ist die persönliche, handgeschriebene Weihnachtkarte. Obwohl die Weihnachtskarte sehr klein und natürlich auch einen überschaubaren preislichen Rahmen bietet, zeigt sie dem Empfänger, dass da jemand ist, der in diesen Tagen an ihn denkt, jemand, dem er nicht egal bist.

Doch jetzt mal ehrlich. Von wem bekommen wir heutzutage überhaupt noch eine handgeschriebene Weihnachtskarte mit persönlichen Worten? Wie viele handgeschriebene Weihnachtskarten bekommen Sie pro Jahr zu diesem besonderen Fest? Zu wenige? Woran liegt es?

Ich persönlich glaube, dass Sie sich mit einer handgeschriebenen Weihnachtskarte vom Markt enorm abheben, besser sind als Ihre Immobilienmaklerkollegen und Mitbewerber. In der Vergangenheit habe ich von Kunden tatsächlich mehrfach die Resonanz bekommen, dass ich der einzige war, der ihnen eine Weihnachtskarte geschickt hat. Keine Karte aus der Familie, keine Karte von Freunden, allerdings eine handgeschriebene Karte mit persönlichen Zeilen von deren Immobilienmakler. Meine lieben Leser, glauben Sie mir, wenn ich Ihnen sage, dass sich solch eine Geste in den Köpfen der Kunden einbrennt.

Sicherlich fragen Sie sich schon die ganze Zeit: Was betont und wiederholt er andauernd die Worte „handgeschrieben" und „persönliche Zeilen"? Ich löse es an dieser Stelle gleich auf. Es gibt Karten, die sind im Inneren mit Sprüchen bedruckt, und Sie müssen nur noch Ihre Unterschrift einschreiben. Bei den besonders Faulen unter Ihnen kann die Unterschrift auch gleich noch mit eingedruckt werden. Eintüten, Marke drauf und ab in die Post. Ich gebe zu, es ist ein guter Ansatz und besser als nichts. Doch Hand aufs Herz, wirkt eine handgeschriebene Weihnachtskarte nicht viel persönlicher? Und wenn Sie Ihre Kunden mit persönlichen Zeilen erwähnen setzen Sie noch einen drauf.

„Wow, der hat sich aber Mühe gegeben. Der hat die Karte ja extra für mich geschrieben?" Diese Gedanken werden durch die Köpfe Ihrer Kunden gehen. Sie zeigen Ihren Kunden damit, wie wertvoll sie sind. Diese Kunden werden Sie über kurz oder lang weiterempfehlen, denn Sie machen einen Job, der über den Job hinausgeht.

> **Fazit**
> Weihnachtskarten sorgen für eine langfristige Kundenbindung.

10.4 Einweihungsfeiern und Richtfeste sponsern

In einigen Fällen kommt es vor, dass Sie schon während des Verkaufsprozesses einer Immobilie, eines Grundstückes oder eines Neubauvorhabens eine besondere Bindung zu Ihren Kunden aufgebaut haben. Belohnt wird dies häufig damit, dass Sie auch als Gast zu deren Einweihungsfeier in die neue Immobilie eingeladen werden, oder bei einem Neubauprojekt als Ehrengast zu dem Richtfest kommen dürfen. Sollten Sie in den Genuss dieser Einladungen kommen, ist das schon einmal die erste Auszeichnung Ihrer Arbeit, denn Ihren Kunden ist bewusst, dass Sie einen Teil dazu beigetragen haben, deren Traum von den eigenen vier Wänden, den Traum des Eigenheims zu erfüllen.

Nutzen Sie die Gunst der Stunde, denn Sie werden wahrscheinlich von den Gastgebern auch als einer der Traumrealisierer vorgestellt. Diese Chance, sich zusätzlich in die Einweihungsfeier einzubringen, einen Beitrag zu dem Richtfest zu leisten, sollten Sie auf keinen Fall verpassen. Tragen Sie zu dem leiblichen Wohl dieser Feierlichkeit bei, seien Sie derjenige, der ein großes Fass vom Lieblingsbier des Gastgebers sponsert. Seien Sie derjenige, der eine Kiste guten Sekt mitbringt, derjenige, der das Spanferkel für den Grill spendet. So sind Sie gleich zweimal im Munde der Gastgeber, denn auch Ihr Beitrag zu dem Fest wird gebührend verkündet. Sie zeigen den Gastgebern und den Gästen, dass Sie nicht der langweilige Immobilienmakler sind, der die schnelle Mark verdienen will. O.K., wir haben mittlerweile Euro, doch in manchen Sachen bin ich etwas antiquiert. Zeigen Sie den Gastgebern und den Gästen, dass ein Immobilienmakler auch ein Mensch sein kann, mit dem man Spaß haben kann.

Dieses Fest ist Ihre Chance, zukünftige Kunden zu generieren. Diese Feierlichkeit bietet Ihnen die Möglichkeit, mit vielen Gästen über deren Wohnträume zu philosophieren. Eine Feier ist die beste Art, völlig ungezwungen neue Menschen kennenzulernen, um diese möglicherweise für sich und Ihr Unternehmen zu begeistern und zu gewinnen. Doch achten Sie auf jeden Fall darauf, möglichst viel über die anderen Gäste zu erfahren, sich deren Wünsche und Träume zu widmen, anstatt die ganze Zeit einen Monolog über Ihre eigene Arbeit zu halten. Lobeshymnen sollen die Gastgeber über Sie singen. Das Empfehlungsmarketing beginnt hier nämlich schon mit der Vorstellung Ihrer Person durch den Gastgeber. Schließlich müssen Sie als Immobilienmakler verdammt gut sein, wenn der Gastgeber Sie zu einer privaten Einweihungsfeier, zu seinem Richtfest einlädt. Ihre Einladung alleine spricht die Empfehlung schon für Sie durch den Gastgeber aus. Also auf ins Getümmel, gewinnen Sie an solchen Tagen viele neue Kontakte, indem Sie sich offen und ehrlich für Ihr Gegenüber interessieren.

Fazit

Einweihungsfeiern und Richtfeste sind eine große Chance für Sie, neue Kontakte zu knüpfen.

Schlüsselfragen für Ihren Erfolg

- Werde ich schon weiterempfohlen?
- Wen will ich als Empfehlungsgeber nutzen?
- Welche Maßnahmen der Kundenbindung will ich für mein Empfehlungsmarketing nutzen?

11

Formulare und Vorlagen

Zusammenfassung Im Folgenden erwarten Sie vierzehn hilfreiche Formulare, die Ihren Makler-Alltag erleichtern können.

Im Folgenden erwarten Sie vierzehn hilfreiche Formulare, die Ihren
Makler-Alltag erleichtern können:

- Die **Vermarktungserlaubnis** (Abb. 11.1) eignet sich bei der Aufnahme
  einer neuen Immobilie, sofern der Eigentümer keinen Maklervertrag
  unterschreiben möchte.
- Der **Erfassungsbogen Kaufobjekt** (Abb. 11.2) erleichtert Ihnen die
  Aufnahme eines Kaufobjekts, sodass Sie kaum eine Information außer
  Acht lassen.
- Der **Erfassungsbogen Mietobjekt** (Abb. 11.3) bietet Ihnen die
  Möglichkeit, die wichtigsten Daten eines Mietobjektes schnell
  zu erfassen.
- Das Formular **Objektunterlagen Einfamilienhaus** (Abb. 11.4) ent-
  hält eine Auflistung der Unterlagen, die Ihnen bei der Vermarktung
  eines Einfamilienhauses vorliegen sollten.

© Der/die Autor(en), exklusiv lizenziert durch Springer Fachmedien Wiesbaden
GmbH, ein Teil von Springer Nature 2021
O.-D. Helfrich, *Erfolgsstrategien für Immobilienmakler*,
https://doi.org/10.1007/978-3-658-35683-5_11

- Die Übersicht **Objektunterlagen Mehrfamilienhaus** (Abb. 11.5) enthält eine Auflistung der Unterlagen, die Sie zur optimalen Vermarktung eines Mehrfamilienhauses haben sollten.
- Die Übersicht **Objektunterlagen Eigentumswohnung** (Abb. 11.6) enthält eine Auflistung der Unterlagen, die Sie zur professionellen Vermarktung einer Eigentumswohnung benötigen.
- Die Übersicht **Objektunterlagen Grundstück** (Abb. 11.7) enthält eine Auflistung der Unterlagen, die Sie sich zur Vermarktung eines Grundstücks vom Eigentümer geben lassen sollten.
- Mit dem **Besichtigungsnachweis Kaufobjekt** (Abb. 11.8) können Sie sich gegenüber dem Interessenten mit den wichtigsten rechtlichen Erfordernissen grob absichern. Zudem ist er ein Nachweis Ihrer Tätigkeit.
- Der **Besichtigungsnachweis Mietobjekt** (Abb. 11.9) ermöglicht Ihnen eine grobe Absicherung der rechtlichen Erfordernisse gegenüber dem Mietinteressenten und dient als Nachweis Ihrer Tätigkeit.
- Die **Checkliste Open House** (Abb. 11.10) bietet Ihnen einen Ablaufplan für die Vorbereitung einer professionellen Open-House-Veranstaltung.
- Der **Feedbackbogen Open-House** (Abb. 11.11) gibt Ihnen die Chance, sich eine sofortige Rückmeldung und eine Bewertung Ihrer Open-House-Veranstaltung geben zu lassen.
- Der **Open-House-Besichtigungsnachweis** (Abb. 11.12) ist eine erste grobe Absicherung Ihrer Maklertätigkeit gegenüber den Besichtigenden.
- In dem Formular **Kauf einer Immobilie** (Abb. 11.13) erfassen Sie alle wichtigen Informationen, die für die Erstellung des notariellen Kaufvertrags erforderlich sind.
- Das Formular **Übergabeprotokoll** (Abb. 11.14) hilft Ihnen, alle wichtigen Aspekte während einer Objektübergabe zu erfassen. So können Sie eine ordnungsgemäße Übergabe durchführen.

Vermarktungserlaubnis

Objekt

_____
Strasse, HNR, PLZ, Ort

Eigentümer/in

_____
Name, Vorname

_____
Strasse, Hausnummer

_____
PLZ, Ort

_____
Telefon

Ich bin Eigentümer oben genannter Immobilie und erlaube der MuMaFi MusterMakler Firma meine oben genannte Immobilie zu vermarkten. Diese Erlaubnis beinhaltet:

1. Es dürfen vom Makler Lichtbilder der Immobilie erstellt und auch genutzt werden.
2. Die Immobilie darf durch den Makler auf dem Immobilienmarkt beworben werden.
3. Der Makler darf nach Absprache Besichtigungen mit Interessenten durchführen.

_____   _____   _____
Ort, Datum   Eigentümer/in   Eigentümer/in

Abb. 11.1 Muster Vermarktungserlaubnis

Erfassungsbogen Kaufobjekt

Objekt:

Strasse, HNr _____

PLZ, Ort _____

Objektart _____   Grundstücksgröße _____ qm

Baujahr _____

Zimmer _____   Wohnfläche _____ qm   Nutzfläche _____ qm

Daten Grundbuch:

Amtsgericht: _____ Blatt: _____ Flur: _____ Flurstück: _____

Grundstück:

Bodenrichtwert: _____ €/qm   GRZ _____   GFZ _____

Bauweise Objekt:		Dach:		Zustand des Objektes:	
Fachwerk	☐	Flachdach	☐	Neuwertig	☐
Fertighaus	☐	Mansarddach	☐	Saniert	☐
Holz	☐	Pultdach	☐	Modernisiert	☐
massiv	☐	Satteldach	☐	renovierungsbedürftig	☐
sonstiges	_____	Walmdach	☐	sanierungsbedürftig	☐

Ausstattung:

Wohnzimmer			*Küche*		
	Parkett	☐		Fliesen	☐
	Laminat	☐		Linoleum	☐
	Teppich	☐		PVC	☐
	Kork	☐		Laminat	☐
	Fliesen	☐		Sonstiger	_____
	Linoleum	☐			
	Sonstiger	_____			

Schlafzimmer			*Zimmer 1*		
	Parkett	☐		Parkett	☐
	Laminat	☐		Laminat	☐
	Teppich	☐		Teppich	☐
	Kork	☐		Kork	☐
	Fliesen	☐		Fliesen	☐
	Linoleum	☐		Linoleum	☐
	Sonstiger	_____		sonstiger	_____

Zimmer 2			*Zimmer 3*		
	Parkett	☐		Parkett	☐
	Laminat	☐		Laminat	☐
	Teppich	☐		Teppich	☐
	Kork	☐		Kork	☐
	Fliesen	☐		Fliesen	☐
	Linoleum	☐		Linoleum	☐
	Sonstiger	_____		sonstiger	_____

Zimmer 4			*Bad*		
	Parkett	☐		Wanne	☐
	Laminat	☐		Dusche	☐
	Teppich	☐		Bidet	☐
	Kork	☐		sonstiges	_____
	Fliesen	☐			
	Linoleum	☐			
	sonstiger	_____			

Gäste-WC	☐	Balkon/ Terrasse	☐
Einbauküche	☐	Garten	☐
Aufzug	☐	Hauswirtschaftsraum	☐

Heizungsart			Befeuerung		
	Etagen	☐		Gas	☐
	Ofen	☐		Öl	☐
	Zentral	☐		Strom	☐
	Fußboden	☐		sonstige	_____
	KG	☐			
	EG	☐			
	OG	☐			

Abb. 11.2   Muster Erfassungsbogen Kaufobjekt

Keller	Vollkeller ☐	Stellplatz	Garage ☐
	Teilkeller ☐		Carport ☐
			Stellplatz ☐
			Anzahl _____

Bemerkungen zur Ausstattung: _____
_____
_____

Sonstige Bemerkungen: _____
_____
_____
_____
_____

Übernommene Unterlagen: _____
_____
_____

Bewirtschaftungskosten mtl.: _____ € Aufgliederung beigefügt? ☐ ja ☐ nein

Verkaufspreis _____ € unterste Grenze _____ €

Derzeitige Bewohner des Objektes:

Name: _____ Telefon: _____

Verkäufer:

Name, Vorname _____

Strasse, HNr _____

PLZ, Ort _____

Telefon/Mobil _____

e-mail _____

Abb. 11.2 (Fortsetzung)

Erfassungsbogen Mietobjekt

Objekt:

Strasse, HNr _____

PLZ, Ort _____

Objektart _____ Etage _____ Grundstücksgröße _____ qm

Zimmer _____ Wohnfläche _____ qm Nutzfläche _____ qm

Ausstattung:

Wohnzimmer qm _____	Parkett ☐ Laminat ☐ Teppich ☐ Kork ☐ Fliesen ☐ Linoleum ☐	*Küche* qm _____	Fliesen ☐ Linoleum ☐ PVC ☐ Laminat ☐ EBK ☐
Schlafzimmer qm _____	Parkett ☐ Laminat ☐ Teppich ☐ Kork ☐ Fliesen ☐ Linoleum ☐	*Zimmer 1* qm _____	Parkett ☐ Laminat ☐ Teppich ☐ Kork ☐ Fliesen ☐ Linoleum ☐
Zimmer 2 qm _____	Parkett ☐ Laminat ☐ Teppich ☐ Kork ☐ Fliesen ☐ Linoleum ☐	*Bad* qm _____	Fliesen ☐ PVC ☐ Wanne ☐ Dusche ☐ Innen liegend ☐

Gäste-WC ☐ Einbauküche ☐ Aufzug ☐	Balkon/ Terrasse ☐ Gartenmitnutzung ☐ Keller ☐	Kabel ☐ SAT ☐ DSL ☐
Heizungsart	Etagen ☐ Ofen ☐ Zentral ☐	Befeuerung	Gas ☐ Öl ☐ Strom ☐ sonstige _____
Haustiere	Ja ☐ Nein ☐	Stellplatz Miete: _____ €	Garage ☐ Carport ☐ Stellplatz ☐ Anzahl _____

wenn ja, welche: _____

Bemerkungen zur Ausstattung: _____

_____

_____

Kaltmiete _____ €   Nebenkosten _____ €   Kaution _____ Monatsmieten

derzeitige Mieter: _____ Telefon: _____

Vermieter:

Name, Vorname _____

Strasse, HNr _____

PLZ, Ort _____

Telefon/Mobil _____

e-mail _____

Abb. 11.3 Muster Erfassungsbogen Mietobjekt

Objektunterlagen Einfamilienhaus

Um Ihnen unsere professionelle Betreuung und Dienstleistung optimal zu ermöglichen, bitten wir Sie, die untenstehenden Unterlagen, sofern vorhanden, zur Verfügung zu stellen:

- ☐ Grundbuchauszüge, Abteilung I, II
- ☐ Flurkarte/Lageplan
- ☐ Grundrisse
- ☐ Wohnflächenberechnungen/umbauter Raum
- ☐ Energieausweis
- ☐ Grundsteuerbescheid
- ☐ Heizkosten
- ☐ Anliegerbeiträge (Wasser, Abwasser, Müllabfuhr)
- ☐ Wohngebäudeversicherung
- ☐ Baubeschreibung
- ☐ Bauanträge/Genehmigungen
- ☐ Aufstellung von Modernisierungen
- ☐ Unterlagen Ausbau/Anbau
- ☐ Baulasten, sofern bekannt/vorhanden
- ☐ Gutachten
- ☐ Fotos
- ☐ Baumfällgenehmigungen
- ☐ Altlasten

Abb. 11.4 Muster Objektunterlagen Einfamilienhaus

Objektunterlagen Mehrfamilienhaus

Um Ihnen unsere professionelle Betreuung und Dienstleistung optimal zu ermöglichen, bitten wir Sie, die untenstehenden Unterlagen, sofern vorhanden, zur Verfügung zu stellen:

☐ Grundbuchauszug
☐ Flurkarte/Lageplan
☐ Grundrisse
☐ Wohn- und Nutzflächenberechnung
☐ Aufstellung Bewirtschaftungskosten
☐ Grundsteuerbescheid
☐ Miet- und Pachtverträge
☐ Verwaltervertrag
☐ Teilungserklärung
☐ Aufstellung der Modernisierungen der letzten 10 Jahre
☐ Energieausweis
☐ Gutachten
☐ Einträge im Baulastenverzeichnis, wenn bekannt
☐ Einträge im Altlastenverzeichnis, wenn bekannt
☐ Baugenehmigungen
☐ Baubeschreibung
☐ Sondernutzungsrechte

Abb. 11.5 Muster Objektunterlagen Mehrfamilienhaus

Objektunterlagen Eigentumswohnung

Um Ihnen unsere professionelle Betreuung und Dienstleistung optimal zu ermöglichen, bitten wir Sie, die untenstehenden Unterlagen, sofern vorhanden, zur Verfügung zu stellen:

☐ Grundbuchauszüge, Abteilung I, II

☐ Teilungserklärung und Nachträge

☐ Flurkarte mit Grundstücksgröße

☐ Grundrisse

☐ Wohnflächenberechnungen

☐ Verwaltervertrag

☐ Protokolle der Eigentümerversammlung (mind. die letzten 3)

☐ Wohngeldabrechnung und Wirtschaftsplan

☐ Hausordnung

☐ Gutachten

☐ Mietverträge

☐ Baulasten

☐ Baugenehmigungen

☐ Baubeschreibung

☐ Energieausweis

Abb. 11.6 Muster Objektunterlagen Eigentumswohnung

Objektunterlagen Grundstück

Um Ihnen unsere professionelle Betreuung und Dienstleistung optimal zu ermöglichen, bitten wir Sie, die untenstehenden Unterlagen, sofern vorhanden, zur Verfügung zu stellen:

☐   Flurkarte mit Grundstücksgröße

☐   Grundbuchauszüge, Abteilung I, II

☐   Miet-/Pachtverträge

☐   Gutachten

☐   Erschließung

☐   Nachweis Anliegerbeiträge

☐   Teilungsgenehmigung

☐   Bauanträge/Genehmigungen

☐   Unterlagen Altsubstanz

☐   Auszug Baulastenverzeichnis

☐   Auszug Altlastenkataster

☐   Baumfällgenehmigungen

☐   Fotos

☐   Vollmacht

☐   Sondernutzungsreche

Abb. 11.7   Muster Objektunterlagen Grundstück

Besichtigungsnachweis Kaufobjekt

Objekt:

Strasse, HNr, Plz, Ort
Interessent/en:

Name, Vorname:

Strasse, HNr:

PlZ, Ort:

Telefon:

Die Interessenten bestätigen, das oben genannte Objekt am _____ um _____ Uhr mit einem Makler der MuMaFi MusterMakler Firma besichtigt zu haben und dass ihnen das oben genannte Objekt bis zum Zeitpunkt der Besichtigung unbekannt war. Die Interessenten erklären sich damit einverstanden, dass ihre Daten elektronisch auf Datenträger gespeichert und nach den Bestimmungen der Datenschutzgrundverordnung (DSGVO) verarbeitet werden dürfen. Sofern es nicht zum Kauf kommt, werden die Daten sechs Monate nach Verkauf des Objektes automatisch gelöscht, sofern keine anderen Regelungen dagegensprechen. Mit Unterschrift erkennen die Interessenten die Käufercourtage in Höhe von 3,57 % des Kaufpreises inklusive der gesetzlichen Mehrwertsteuer an. Diese ist mit der Unterzeichnung eines notariellen Kaufvertrages der Interessenten von der MuMaFi MusterMakler Firma verdient, fällig und vom Käufer des Objektes zu zahlen. Die Interessenten bestätigen, dass ihnen ein Exposé des Objektes ausgehändigt wurde.

_____   _____   _____
Ort, Datum   Interessent/in   Interessent/in

Zusatz „Energieausweis"

Der Makler weist die Interessenten darauf hin, dass nach dem Gebäudeenergiegesetz GEG den Interessenten bei der Besichtigung ein Energieausweis des Objektes vorgelegt werden muss.

O   Die Interessenten bestätigen, dass ihnen der Energieausweis gezeigt wurde.

O   Bei dem oben genannten Objekt liegt der Energieausweis zum Zeitpunkt der Besichtigung seitens des Eigentümers noch nicht vor. Die Interessenten wünschen dennoch das Objekt zu besichtigen und bestätigen, dass sie rechtliche Ansprüche gegen den Makler bzgl. der Vorlagepflicht hiermit verlieren.

_____   _____   _____
Ort, Datum   Interessent/in   Interessent/in

Zusatz „Widerrufsbelehrung"

Die Interessenten bestätigen die Widerrufsbelehrung der MuMaFi MusterMakler Firma in schriftlicher Form am _____ um _____ Uhr erhalten zu haben.

_____   _____   _____
Ort, Datum   Interessent/in   Interessent/in

Abb. 11.8 Muster Besichtigungsnachweis Kaufobjekt

Besichtigungsnachweis Mietobjekt

Objekt:

_____

Strasse, HNr, Plz, Ort

Interessent/en:

_____

Name, Vorname:

_____

Strasse, HNr:

_____

Plz, Ort:

_____

Telefon:

Die Interessenten bestätigen das oben genannte Objekt am _____ um _____ Uhr
mit einem Makler der MuMaFi – MusterMaklerFirma – besichtigt zu haben, und dass ihnen das oben
genannte Objekt bis zum Zeitpunkt der Besichtigung unbekannt war. Die Interessenten erklären sich
damit einverstanden, dass ihre Daten elektronisch auf Datenträger gespeichert und nach den
Bestimmungen der Datenschutzgrundverordnung für die weitere gemeinsame Zusammenarbeit bzgl.
des möglichen Kaufes dieses Objektes verarbeitet werden dürfen. Sollte es nicht zu der Anmietung
des Objektes kommen, werden diese Daten spätestens sechs Monate nach Vermietung des oben
genannten Objektes automatisch von uns gelöscht. Die Interessenten bestätigen, dass ihnen ein
Exposé des Objektes ausgehändigt wurde.

_____   _____   _____
Ort, Datum   Interessent/in   Interessent/in

Zusatz „Energieausweis"

Der Makler weißt die Interessenten darauf hin, dass nach dem Gebäudeenergiegesetz GEG den
Interessenten bei der Besichtigung ein Energieausweis des Objektes vorgelegt werden muss.

O   Die Interessenten bestätigen, dass ihnen der Energieausweis gezeigt wurde.

O   Bei dem oben genannten Objekt liegt der Energieausweis zum Zeitpunkt der Besichtigung
         seitens des Eigentümers noch nicht vor. Die Interessenten wünschen dennoch das Objekt zu
         besichtigen und bestätigen, dass sie rechtliche Ansprüche gegen den Makler bzgl. der
         Vorlagepflicht hiermit verlieren.

_____   _____   _____
Ort, Datum   Interessent/in   Interessent/in

Zusatz „Widerrufsbelehrung"

Die Interessenten bestätigen die Widerrufsbelehrung der MuMaFi – MusterMaklerFirma – in
schriftlicher Form am _____ um _____ Uhr erhalten zu haben.

_____   _____   _____
Ort, Datum   Interessent/in   Interessent/in

Abb. 11.9   Muster Besichtigungsnachweis Mietobjekt

Checkliste „Open House"

VORBEREITUNG:

O   Flyer erstellt und verteilt?   (vier/zwei Wochen vorher)

O   Objekt in Internetportalen auf Open House beworben?   (zwei Wochen vorher)

O   Nasenschild am Haus angebracht?   (zwei Wochen vorher)

O   Wegweiser aufgestellt?   (eine Stunde vorher)

O   Kurzexposés gedruckt?   (zwei Tage vorher)

O   Besichtigungsnachweise erstellt?   (zwei Tage vorher)

O   Kugelschreiber?   (zwei Tage vorher)

O   Getränke (Wasser, Saft, Kaffee)?   (zwei Tage vorher)

O   Kondensmilch, Zucker?   (zwei Tage vorher)

O   Kekse, Kuchen?   (am Tage)

O   Plastikbecher, Plastiktassen, Plastiklöffel, Servietten?   (zwei Tage vorher)

O   Mülleimer/ gelber Sack?   (zwei Tage vorher)

O   Personal eingeteilt?   (am Tage)

Abb. 11.10   Muster Checkliste Open House

Feedbackbogen

Open House
Mustergasse 3, 12345 Musterstadt

Wie haben Sie von der offenen Besichtigung erfahren?

O   Immobilienportale   O   Flyeraktion   O   Fensterschild O   Nachbarn

Wie empfanden Sie die Möglichkeit der offenen Besichtigung?

O   gut   O   weniger gut   O   nicht gut

Mal angenommen, Sie würden dieses Haus kaufen wollen, welchen Kaufpreis wären Sie bereit für dieses Objekt zu zahlen?

_____ €

Wie empfanden Sie die Organisation der offenen Besichtigung?

O   gut   O   weniger gut   O   nicht gut

Mir hat gefehlt:

_____

Haben Sie Anregungen, wie man die offene Besichtigung verbessern/ erweitern könnte?

_____
_____
_____

Würden Sie wieder zu einer offenen Besichtigung gehen?

O   ja   O   nein   O   bin nicht sicher

Abb. 11.11   Muster Feedbackbogen Open-House

OPEN-HOUSE-Besichtigungsnachweis
Kaufobjekt „Mustermannstr.17, 12345 Musterdorf"

Interessent/en:

Name, Vorname:

Strasse, HNr:

Plz, Ort:

Telefon:

Die oben genannten Interessenten bestätigen, die Immobilie am XX.XX.XXXX während der Open-House Besichtigung mit einem Makler der MusterMaklerFirma besichtigt zu haben und dass ihnen die oben genannte Immobilie bis zum Zeitpunkt der Besichtigung unbekannt war. Die Interessenten erklären sich damit einverstanden, dass ihre Daten elektronisch auf Datenträger gespeichert und nach den Bestimmungen der Datenschutzgrundverordnung (DSGVO) für die weitere gemeinsame Zusammenarbeit bzgl. des möglichen Kaufes dieses Objektes verarbeitet werden. Sollte es nicht zu dem Kauf des Objektes kommen, werden diese Daten spätestens sechs Monate nach Verkauf des oben genannten Objektes automatisch von uns gelöscht. Mit Unterschrift erkennen die Interessenten die Maklerprovision in Höhe von 3,57 % des Kaufpreises inklusive der gesetzlichen Mehrwertsteuer an. Diese ist mit der Unterzeichnung eines notariell beurkundeten Kaufvertrages der Interessenten von der MusterMaklerFirma verdient, sofort fällig und vom Käufer der Immobilie zu zahlen. Die Interessenten bestätigen, dass sie ein Exposé der Immobilie sowie die Widerrufsbelehrung der MusterMaklerFirma am heutigen Tage erhalten haben.

Ort, Datum   Interessent/in   Interessent/in

Vorlage „Energieausweis"

Gemäß Gebäudeenergiegesetz GEG ist den Interessenten bei der Besichtigung unverzüglich ein Energieausweis des Objektes vorzulegen.

O   Die Interessenten bestätigen, dass ihnen der Energieausweis heute gezeigt wurde.

O   Bei dem oben genannten Objekt liegt der Energieausweis zum Zeitpunkt der Besichtigung seitens des Eigentümers leider noch nicht vor, ist allerdings beantragt. Die Interessenten möchten das Objekt dennoch besichtigen und bestätigen, dass sie hiermit auf rechtliche Ansprüche gegen den Makler bzgl. der Vorlagepflicht verzichten und somit auch verlieren.

Ort, Datum   Interessent/in   Interessent/in

Abb. 11.12 Muster Besichtigungsnachweis Open House

Kauf einer Immobilie

Kaufobjekt:
Doppelhaushälfte, Sonnenstr.56, 12345 Musterhausen

Grundbuchbezeichnung:
Amtsgericht Musterhausen, Grundbuch von Musterhausen,
Blatt 0815   Flur: 47   Flurstück: 11   Größe: 416 qm

Kaufpreis, Fälligkeit und Übergabe:
220.000,00€, fällig am 01.09.20212

Käufer zu je ½ Anteil:
Kaufwillig, Susi, geb. Müller, geb. 23.08.77, wohnhaft Glücksgasse 3, 12543 Musterdorf
Kaufwillig, Peter, geb. 12.12.1978, wohnhaft ebenda

Verkäufer zu je ½ Anteil
Neuhaus, Wolfgang geb. 20.09.1961, wohnhaft Sonnenstr.56, 12345 Musterhauses
Neuhaus Gaby, geb. Schmidt, geb. 14.06.1969, wohnhaft ebenda

Hinweise:
Dem Käufer ist bekannt, dass die Grundmauern Keller des Objektes eine leichte Feuchte aufweisen. Mitverkauft und übergeben wird die auf dem Dach angebrachte Photovoltaikanlage, zu der es einen Einspeisungsvertrag mit der Firma Stromgut gibt. Die Käufer bestätigen, das Exposé des Objektes samt Energieausweis und Widerrufsbelehrung bei der Besichtigung am 10.06.2022 erhalten zu haben.

Kosten:
Die Käufer übernehmen alle mit dem Kaufvertragsabschluss verbundenen Notar- und Gerichtskosten sowie die Grunderwerbsteuer. Die Verkäufer übernehmen alle Kosten, die durch die Grundbuchbereinigung samt Löschung aller Grundschulden entstehen.

Maklergebühren:
Die Maklergebühren betragen jeweils 3,57 % des notariell beurkundeten Kaufpreises inkl. MwSt und sind mit der Unterzeichnung des Kaufvertrages von der MusterMaklerFirma, vertreten durch Peer Verkehr, verdient, sofort fällig und vom Verkäufer sowie Käufer zu zahlen.

Notarielle Beurkundung:
Die Beurkundung findet bei folgendem Notar statt: Dr. Imma Recht
Notariat Recht & Billig GbR, Jurisstraße 6, 12345 Musterhausen
Der Beurkundungstermin soll stattfinden am: 30.06.2022 um 15.00 Uhr.
Die MusterMaklerFirma, vertreten durch Peer Verkehr, wird von den Käufern und Verkäufern beauftragt, den notariellen Kaufvertrag vorbereiten zu lassen. Sollte es nicht zur Beurkundung kommen, ist die Vertragspartei zur Übernahme der Notariatskosten, sowie einer Aufwandspauschale in Höhe 297,50€ inkl. gesetzl. MwSt zu Gunsten der MuMaFi MusterMaklerFirma verpflichtet, die die Unterzeichnung verweigert.

Ort, Datum	Unterschrift Verkäufer
	Unterschrift Käufer

Abb. 11.13   Muster Kauf einer Immobilie

Übergabeprotokoll zum Objekt:

_____

Käufer/ Mieter: _____

Verkäufer/ Käufer: _____

Räume des Objektes und Außenanlage:

1.	
2.	
3.	
4.	
5.	
6.	
7.	
8.	
9.	
10.	
11.	
12.	
13.	
14.	

Übergabe folgender Objektunterlagen:

_____
_____
_____
_____
_____

Abb. 11.14 Muster Übergabeprotokoll

Übergabeprotokoll zum Objekt:

Sonstiges/ sonstige Vereinbarungen:

Übergebene Schlüssel:

Zählerstände:

Strom:	_____	Wasser:	_____
Gas:	_____	Warmwasser:	_____
Öl:	_____		

_____	_____
Ort/Datum	Verkäufer/Vermieter
	_____
	Käufer/Mieter

Abb. 11.14   (Fortsetzung)

Schlusswort

Liebe Leser, ich hoffe, dass Ihnen dieses Buch neben den fachlichen und vertrieblichen Ansätzen auch ein wenig Spaß und Freude beim Lesen gemacht hat.

Als letzten kleinen Tipp lege ich Ihnen ans Herz, dieses Buch auch ein zweites, drittes oder gar viertes Mal zu lesen. Mit jedem erneuten Lesen werden Sie wieder den einen oder anderen Aspekt entdecken, den Sie beim ersten Mal vielleicht nicht so deutlich wahrgenommen haben. Beim Schreiben dieses Buches ging es mir ähnlich. Mit jedem erneuten Lesen meiner Texte ergaben sich neue Ideen und Inspirationen, die ich sofort ergänzt habe, damit Sie einen möglichst hohen Nutzen aus diesem Buch ziehen können.

In Kap. 11 haben Sie Muster der wichtigsten Formulare erhalten, die Sie als Immobilienmakler im Tagesgeschäft einsetzen können. Diese haben zwar nicht den Anspruch der Rechtssicherheit, doch geben sie Ihnen Anhaltspunkte oder eine kleine Ergänzung zu Ihrem bestehenden Formularwesen.

© Der/die Herausgeber bzw. der/die Autor(en), exklusiv lizenziert durch Springer Fachmedien Wiesbaden GmbH, ein Teil von Springer Nature 2021
O.-D. Helfrich, *Erfolgsstrategien für Immobilienmakler*,
https://doi.org/10.1007/978-3-658-35683-5

Ich wünsche Ihnen alles erdenklich Gute und viel Spaß, Freude und Erfolg beim Umsetzen der einen oder anderen Idee, die Sie für sich aus diesem Buch mitgenommen habe.
Es grüßt Sie
Ihr Oliver-D. Helfrich

Stichwortverzeichnis

© Der/die Herausgeber bzw. der/die Autor(en), exklusiv lizenziert durch Springer
Fachmedien Wiesbaden GmbH, ein Teil von Springer Nature 2021
O.-D. Helfrich, *Erfolgsstrategien für Immobilienmakler*,
https://doi.org/10.1007/978-3-658-35683-5

The manufacturer's authorised representative in the EU is Springer
Nature Customer Service Centre GmbH, Europaplatz 3, 69115 Heidelberg,
Germany. If you have any concerns regarding our products, please
contact ProductSafety@springernature.com

Printed and bound by CPI Group (UK) Ltd, Croydon, CR0 4YY
24/04/2026
02096335-0011